アピールできる
レポート／論文はこう書く！

滝川好夫 [著]

税務経理協会

はしがき

企業はみなさんをどう評価し，何を重視しているのか

　企業はみなさんをどのように評価しているのでしょうか。「日本経営者団体連盟」(日経連：2003年) の指摘によれば，みなさんには，次のような問題点があるとされます。

① 大学レベルで必要とされる基礎学力の不足
② 創造性，問題設定能力の不足
③ 積極性，問題意識の低下

　では，企業はどのような人材を求めているのでしょうか。企業は，みなさんの「潜在能力」と「社会に出る準備ができているか」を重視し，「日経連」(2001年) の指摘によれば，具体的には，次のものを備えている人材です。

① コミュニケーション能力
② チャレンジ能力
③ 主 体 性
④ 協 調 性
⑤ 責 任 感

卒業論文・修士論文の作成は企業の期待する人を作ります

　卒業論文・修士論文を書く時期は，大学4年生・修士2年生の就職活動の時期にぶつかっています。学生・大学院生を見ていると，前期の学期中は就職活動ばかりしていて，夏休みに入ったころから

ようやく卒業論文・修士論文の作成に取り組み始めているようです。そして、みなさんにとっては、卒業論文・修士論文は単位取得・卒業（修了）のためのものであって、それ以上のものでも、それ以下のものでもないようです。

しかし、卒業論文は大学4年間の、修士論文は大学院2年間の学業の集大成としてそれぞれ書かれるものであり、卒業論文・修士論文を書けば、企業が重視している「問題設定能力・問題解決能力」と「コミュニケーション能力」を身につけることができます。

本書のねらい

本書の主タイトルは『アピールできる レポート/論文はこう書く！』であり、本書は「レポート」「答案」「レジメ」「卒業論文」「修士論文・博士論文」を、

① どのように書けばよいのか

② どのように見せればよいのか

③ どのように報告すればよいのか

を説明しています。

類書は論文を「どのように書けばよいか」だけを取り上げていますが、論文の内容がどんなに優れたものであっても、プレゼンテーションが下手で論文内容を相手にまったく伝えることができなければ、論文は評価の対象になりません。「論文の内容」×「プレゼンテーション」＝「論文の評価」であって、「論文の内容」がゼロであっても、あるいは「プレゼンテーション」がゼロであっても、論文の評価はゼロです。「論文の内容」が優れ、良い「プレゼンテー

◆はしがき

ション」により相手を説得させてこそ，良い論文と言えるでしょう。

論文の評価は，「論文の内容」×「プレゼンテーション」であり，本書は，「論文の内容」を良くするために「どのように書けばよいのか」を，「プレゼンテーション」を良くするために「どのように見せればよいのか」「どのように報告すればよいのか」をそれぞれ説明しています。

本書は，論文を作成しようとする，みなさんの率直な疑問，つまり「どのようにしてテーマを決めたらよいのか」「どんな目次にすればよいのか」「文献をどのように探せばよいのか」「レジメはどのように作成すればよいのか」「どういうふうに報告すればよいのか」「どんな体裁で，文章化すればよいのか」などなどに答えています。

本書は，たんに「論文をどのように作成するか」ということだけを説明しているのではなく，論文作成のねらいをさまざまな角度から説明していますので，そもそも「論文をなぜ作成するのか」ということを理解するのに役立ち，それは論文作成のモティベーションを高めることになるでしょう。

税務経理協会の清水香織氏，督永千晶氏には，本書の企図を理解していただき，出版の機会をくださったことを，ここに記して感謝の意を表します。

2004年7月

神戸大学大学院経済学研究科教授　滝川好夫

目　　次

はしがき

I　卒業論文・修士論文・博士論文は「学術論文」と呼ばれています　①

1　こんな論文は学術論文ではありません……………………1
2　卒業論文・修士論文・博士論文の「学術性」…………4
3　学術論文作成の心得………………………………………5

II　小論文・学術論文を書く　⑨

1　文章作成の心得……………………………………………9
2　文章にはスタイルがあります……………………………10
3　文章作成はこのように練習します………………………13

III　答案を書く：定期試験・大学院入学試験・入社試験　⑮

1　答案作成の心得……………………………………………15
2　良い答案を作成するためには……………………………16
3　答案をどのように書けばよいのか………………………17

Ⅳ　レポートを書く：課題研究レポートと自由研究レポート　㉑

1　レポート作成の心得……………………………………21
2　良いレポートを作成するためには……………………22
3　課題：内容にふさわしい名前を付けましょう………24
4　主題：要するに何を言いたいのですか………………26
5　課題研究レポートをどのように書けばよいのか……27
6　自由研究レポートをどのように書けばよいのか……31

Ⅴ　卒業論文を書く　㉝

1　卒業論文作成の心得……………………………………33
2　良い卒業論文を作成するためには……………………34
3　卒業論文作成のプロセス………………………………37
4　引用文をどのように作成すればよいのか……………40
5　注をどのように作成すればよいのか…………………41

Ⅵ　修士論文・博士論文をどのように始めるのか　㊸

1　テーマ設定の心得………………………………………43
2　テーマをどのように設定すればよいのか……………45
3　何から始めればよいのか：文献を探す………………47
4　なぜ文献のサーベイを行わなければならないのか…50
5　ノートをどのようにとればよいのか…………………53

VII　修士論文・博士論文を書く　(55)

1　テーマをどのように決定するのか……………………55
2　論文の構成はたえず修正が加えられる：
　序論・本論・結論……………………………………57
　2.1　序　　論 ……………………………………57
　2.2　本　　論 ……………………………………59
　2.3　結　　論 ……………………………………60
3　学術論文には体裁があります………………………60
4　引用文をどのように作成すればよいのか…………64
5　注をどのように作成すればよいのか………………67
　5.1　説明のための注 ……………………………68
　5.2　引用の出所ないし出典の注 ………………69
6　文献名・著者名をどのように書くのか……………70

VIII　論文を見せる：図表とレジメをどのように作成すればよいのか　(79)

1　図表作成の心得………………………………………79
2　良い図表を作成するためには………………………80
3　レジメ作成の心得……………………………………82
4　良いレジメを作成するためには……………………85

論文を報告する　　㉛

1　プレゼンテーションの短所を克服し，長所を伸ばす……91
2　プレゼンテーションの心得……………………………96
3　議論には7つの基本があります………………………98
4　議論をどのように行えばよいのか …………………101
5　研究発表をどのように行えばよいのか ……………105
　5.1　研究発表の準備……………………………………106
　5.2　良い研究発表を行うための心得…………………108
　5.3　質 疑 応 答…………………………………………112

参 考 文 献 …………………………………………………115

卒業論文・修士論文・博士論文は「学術論文」と呼ばれています

1 こんな論文は学術論文ではありません

　卒業論文，修士論文，博士論文は「学術論文」と呼ばれています。「1本の論文を何をもって学術論文と呼ぶのか」を説明する前に，逆に，どういうものは学術論文ではないのかを紹介しましょう。

知っておきましょう！

4つの小論文：書評，学界展望，研究ノート，資料紹介

「書評」「学界展望」「研究ノート」「資料紹介」は，400字詰原稿用紙4，5枚から長くて20枚程度で，「小論文」と呼ばれています。

① 書　　評

新しい業績に対して批評を加えるものです。

② 学 界 展 望

ある学問分野が研究対象や研究方法のうえでどのような課題に取り組んでいるか，どのような特色なり傾向を示しているかを説明するものです。

③ 研究ノート

研究途上の中間報告として，着想なり，暫定的な結論なりを提示するものです。

④ 資 料 紹 介

新しい資料の発見をいち早く紹介するものです。

その他「小論文」と呼ばれているものには，いろいろな種類があります。総合雑誌や新聞に出る評論，企業の調査室とか研究所などによる，何らかの問題についての現状報告・調査報告なども「小論文」と呼ばれています。「評論」は，何らかの具体的な問題についての意見や主張を述べるものであり，結論を明確にすることが目的であって，結論に到達する研究手続きを明らかにする学術論文とは性格を異にしています。

Ⅰ◆卒業論文・修士論文・博士論文は「学術論文」と呼ばれています

次のような論文を書いてはいけません

「学術論文」,つまり卒業論文・修士論文・博士論文とは言えないものは,斎藤［1988］によれば,以下のようなものであり,みなさんはそのような論文を書いてはいけません。

① **たまたま見つけた1冊の本や1本の論文だけを要約したものは学術論文ではありません**

1冊の本や1本の論文を要約しただけでは,文献の比較による,みなさんの判断がないからです。

② **他人の説を検討することなく,たんに紹介したものは学術論文ではありません**

他人の説をたんに紹介したものは「よく勉強しました」と答案としては許されるかもしれませんが,学術論文とは言えません。他人の説を批判的に検討し,異なる結果を得るのでなければ,学術論文ではありません。ただし,検討の結果,他人の説と同様の結論に達したとしても,検討の手続きがみなさんそれぞれの Only One であれば,他人の説を証明するという形の学術論文になります。

③ **引用文を並べただけでは学術論文ではありません**

引用文の並べ方がいかに巧みであるとしても,引用文を並べただけでは学術論文ではありません。

④ **単なる思いつきや私的な感想だけでは学術論文ではありません**

学術論文には,結論を導き出すための科学的論証が必要です。新しい着想や直感的な印象は研究上重要なものですが,それだけ

では学術論文になりません。新しい着想などが論証されて，はじめて学術論文と呼ばれるようになります。

⑤ 他人の業績を無断で使ったものは剽窃であって，学術論文ではありません

公刊されたものであれ，未公刊のものであれ，他人の業績をあたかも自己の説であるかのように使うことはルール違反です。誰がはじめに「或る説」を唱えたかという優先権を尊重することは研究上のルールです。他人の研究成果はもちろん共有財産ですが，その研究成果を利用するときは，その旨を明らかにしなければなりません。

2　卒業論文・修士論文・博士論文の「学術性」

論文の学術性：実証性と合理性

何をもって1本の論文を学術論文と呼ぶのでしょうか。論文の「学術性」とは何でしょうか。斎藤［1988］によれば，論文の学術性には，「実証性」と「合理性」の2つの面があり，それぞれを吟味することが研究です。

「実証性」吟味の4つの基準

「実証性」の吟味とは，みなさんが読んでいる文献などの内容を検討することであり，検討基準として，次の4つを挙げることができます。

① 文献，とりわけ外国語文献を正しく読みこなす。

Ⅰ◆卒業論文・修士論文・博士論文は「学術論文」と呼ばれています

② 外国語で書かれていようが,数式で書かれていようが,文献の内容を正確に理解する。
③ 文献の内容が正しいか,誤っているかを判定する。
④ 文献の内容を歪めないで,論文作成に利用する。

「合理性」吟味の3つの基準

「合理性」の吟味とは,みなさんの書いている論文の論理展開を検討することであり,検討基準として,次の3つを挙げることができます。

① 概念の規定(用語法)は首尾一貫している。
② 論理展開に矛盾はない。
③ 分からない箇所を妙にとりつくろって分かったように書かない。分からないことを分からないと率直に書く。

学派によって概念規定は異なっている

学派によって概念規定は異なっています。とすれば,みなさんは一語一語書き進むたびに,みなさんの「研究上の立場」について絶えざる反省と自覚をしなければいけません。

3 学術論文作成の心得

「学術論文」は,みなさんの行った研究結果を報告し,みなさんの意見を論述したものであり,それによってその学問分野に新知見をもたらすものでなければなりません。学術論文を作成するうえで,

次の5つのことを心掛けましょう。

① 研究は「疑問」から生まれます

学術論文は疑問から生まれますので，まず「疑問」をもつようにしましょう。ある疑問は，これまでの先学たちの研究蓄積を読むことによって解決されるかもしれません。また，ある疑問は，まさに学界の核心的問題であり，何を読んでも解決に至らないかもしれません。

たくさんのことを知っている人は「博学」と呼ばれていますが，みなさんは「博学」である必要は必ずしもありません。博学であることは研究者としてのみならず，教育者として望ましいことですが，みなさんは「専門バカ」であることが許されるように思います。「他の問題についてはまったくの素人であるが，この問題については指導教員よりも，さらには学界の誰よりも詳しい」と言えるほどであって欲しいものです。単なる「物知り」だけでは研究はできません。疑問があればこそ，「調べてみよう」「考えてみよう」ということになり，研究が始まるのです。

② 関連文献をたくさん，ていねいに読む

「疑問があればこそ，『調べてみよう』」と言いましたが，何を，どの程度調べればよいのでしょうか。1本の学術論文を仕上げるために，何冊・何本の文献を読まなければならないのでしょうか。答えは，たんに何冊・何本といった文献の量ではなく，当該テーマについての必読文献を読みこなしているかどうかです。では，何が当該テーマについての基本文献なのでしょうか。みなさんには，関連分野の文献目録を徹底的に調べることが要求されます。

Ⅰ ◆卒業論文・修士論文・博士論文は「学術論文」と呼ばれています

③ すでに達成されているものを超えるようにしましょう

「ある疑問は,これまでの先学たちの研究蓄積を読むことによって解決されるかもしれません。また,ある疑問は,まさに学界の核心的問題であり,何を読んでも解決に至らないかもしれません」と言いましたが,みなさんの疑問がオリジナルであることはむしろ稀で,みなさんの疑問は他の人も同様に抱き,その人はすでに学術論文を書いていることの方が一般的でしょう。さあ,このとき,みなさんは先学の学術論文にどう向き合えばよいのでしょうか。

先学たちとの「テーマの類似性」を心配することはいりません。同じテーマに取り組めばよいのですが,先学の学術論文をテキストとして学ぶだけでは,研究は始まりません。みなさんが先学の研究から一歩も出ないのであれば,新たに学術論文を書く必要はないでしょう。すでに達成されている先学たちの研究業績を超えようとするところに,論文作成のモティベーションがあります。みなさんの研究は新知見をもたらすものでなければなりません。みなさんが論文を書き上げたあと,審査委員から必ず聞かれることは「あなたの研究の付加価値は何ですか」「あなたの論文の貢献は何ですか」です。

④ 論じたい問題が5つあれば,論文を5つ書きましょう

ページ数が多いという意味で,大論文を書く人がいます。その努力は立派なものですし,それを書いた本人も力作と思っているでしょう。しかし,多くの場合,論点が多岐にわたって,一体,何を主張したいのか分からない,ダラダラした「主題なし論文」

になっています。もし論じたい問題が5つあれば，1本の大論文の中にすべてを詰め込むのではなく，それぞれの問題を扱った5つの小論文を書きましょう。

　学術論文は，みなさんの主張を，その根拠を科学的に示しながら記述するものです。ですから，結論に関係のない事柄はできるだけ削除して論述を進めることが大切です。ページ数が多くなるのは，調べたこと，知ったことのすべてを盛り込もうとするからです。みなさんが一所懸命勉強して新知識を得れば得るほど，それらを書きたいのは人情でしょうが，みなさんにとっては新知識であっても，読み手には旧知識であるかもしれません。はじめて論文を書く場合など，どこを削ってよいか分からないし，また，どこも削りたくない，という感じを抱くでしょう。そのような場合には，指導教員に読んでもらうことです。信頼できる他人の眼で見てもらえれば，みなさんではどこも削るべきではないと思っていても，削るべき部分が意外に多いことが分かります。「割愛」とは惜しみながら削ることであり，ページ数を何ページと制限したうえで，その枠の中で論旨をまとめるように練習しましょう。

⑤　研究成果を「正しく書く」

　「学術論文は研究成果の内容が根本であって，文章作成の技術は二の次である」と言われますが，研究成果を「正しく書く」ことは，その説得性をさらに高めるでしょう。学術論文を論理的表現にするためには，形容詞あるいは修飾語を除いた形で文章を書きましょう。

小論文・学術論文を書く

1 文章作成の心得

「話すように書け」は誤り

「話すように書け」と言われることがありますが,日本語の特質により,日常会話の言葉はそのままでは文章にはなりにくいようです。文章を書くときには,「日本語を外国語と思って扱え」と言われることもありますが,それは正しい指摘であるかもしれません。学術論文の作成に関する限りは,みなさんは,いわゆる名文家・美文家になる必要はありません。「うまく」ではなく,「正しく」書くことが重要です。

文章作成の心得

文章作成の心得は,次の3つです。

① 文章を書く習慣を身につける。
② 文章を正確に書く。
③ 文章の無駄を削る。

すぐれた先学の文章を大いに学ぶことは重要ですが，文章を書くことに慣れてくると，先学の真似から脱皮するようになり，みなさんそれぞれの文章スタイルが生まれてくるでしょう。文章作成にも，研究同様の，創意と工夫が重要です。

2 文章にはスタイルがあります

文章にはスタイルやルールがあります。

文章スタイルの標準は「である調」による口語文

学術論文の文章スタイルの標準は，「AはBである」「CはDでない」式の「である調」による口語文です。「AはBであります」「CはDではありません」式の「であります調」は普通用いられません。

外国語，外国の地名・人名は片仮名で書きます

文中の外国語，外国の地名・人名は原則として片仮名で書きます。外国語を片仮名で表記するときには，表記の仕方を事典類にあたって確かめましょう。また，次のことに注意しましょう。
① 外国語の濫用は論文の印象を軽薄にします。
② 日本語で表現できるものをわざわざ外国語で書くのはキザで，いかにも新奇をてらう商業広告じみた感じを与えます。

Ⅱ ◆ 小論文・学術論文を書く

③ 専門用語で日本語として定着しているものや，日本語に移しにくいものや，邦訳することでかえって難しくなるものはそのまま片仮名で書きます。

歴史上の固有名詞は当時あったままに書く

歴史上の固有名詞は当時あったままに書くことが原則です。固有名詞には歴史的な変遷がありますが，ある時代について論ずる場合，その時代の名称を書くようにします。必要があれば今日の名称を併記しておくとよいでしょう。

法律・条例などに用いられる用語：法令用語

法律・条例などに用いられる用語は専門用語として厳格な約束が決められています。以下の用語は，法律一般に用いられ，その区別は重要です。

① 「または」「もしくは」

「AもしくはBまたはCもしくはD」を例文として取り上げると，「もしくは」は小さい接続の意味で用いられています。「または」は「AまたはC」というように，AかCかをたんに並べる場合に用いられます。

② 「および」「ならびに」

「AおよびBならびにCおよびD」「A，BおよびCならびにD，EおよびF」を例文として取り上げると，「ならびに」は大きい接続の意味で用いられています。「および」は「AおよびB」「A，BおよびC」というように単純な接続として用いられます。

③ 「以上」「以下」

「以上」は「もってあがる」を意味するので,「100以上」は100を含んでいます。「以下」は「もってさがる」を意味するので,「100以下」は100を含んでいます。

④ 「を超える」「未満」

「100を超える」は100を含みません。「100未満」は100を含みません。

⑤ 「以前」「以後」

「6月1日以前」「6月1日以後」には6月1日が含まれます。

技術用語

① 「はじめ」「ほか」

「Aはじめ100名」はAを含んで合計100名を意味していますが,「Aほか100名」という場合には,Aはこの100名には含まれていませんので,合計は101名になります。

② 「から」「より」

「1990年から2000年まで」「東京から大阪まで」というように,「から」は時間や場所の起点を指示するために用いられます。「AよりBの方が大きい」というように,「より」は物事を比較する場合に用いられます。

③ 「ないし」

「10ないし15」という場合には,10も,15も含まれます。

④ 「ただし」

「ただし」は例外を表す言葉で,ある文章があってその次に「た

だし」とつながるのが普通です。「ただし」以下の文章は「ただし書き」と呼ばれ，前の文章についての例外や限定条件を表しています。

人名の敬称は必要ありません

学術論文中に出てくる人名については，敬称は必要ありません。新聞などにあるように「敬称略」などと書く必要もありません。みなさんの先生であっても，「○○先生」と書く必要はありません。ただし，人名について職名を記すことは当然ですから，「小泉首相」と書くのと同様に「○○教授」「○○博士」と記すことは差し支えありません。

また，論文の内容に関係のない「あとがき」「謝辞」などでは，「○○先生」「○○教授」「○○氏」と書いた方がよいでしょう。

3 文章作成はこのように練習します

「正しい」文章を書くために，どのような練習を行えばよいのでしょうか。差し当たり，次の6つのことに気をつけて，練習しましょう。

① 短い文章を書きましょう

ダラダラ続けた文章は分かりにくいし，また，訴えるパワーも弱くなります。どの語がどの語を修飾しているのかがはっきり分かる短い文章を書きましょう。

② 言葉の意味を正確にとらえましょう

みなさんは外国語については実に丹念に辞書を引いています。言葉の意味を正確にとらえるために，日本語についても国語事典にあたりましょう。

③ 勝手に新しい言葉をつくってはいけません

文章は相手に読んでもらうものです。相手に分かるはずのない新造語を使わないようにしましょう。新しい言葉をつくる必要があるときは，その旨を説明したうえで，新造語を使いましょう。

④ 主語と述語の関係を正確に書きましょう

まず一度は主語を必ず入れて書いてみることです。つまり，「誰が」「何が」という問いに対する答えを必ず用意した文章を一度書いてみることです。書き上げた文章を読んでみると煩わしい感じがするでしょう。どこで煩わしい感じがするかを考えてみると，繰り返された主語のせいではないかと思います。はじめは，すべて主語付きの文章を書き，あとで煩わしい感じがする主語を削っていく練習をしましょう。

⑤ なるべく修飾語や比喩などを使わないで文章を書きましょう

修飾語や比喩などを使いたいのであれば，まず修飾語・比喩なしの論文を書き，後で修飾語・比喩を付け加えるようにしましょう。

⑥ 重複を避けるようにしましょう

「同じ語」「同じ言い回し」「類似の音」を避けるようにしましょう。文章を書いたあとは，必ず文章全体を通読して，この種の問題をチェックしなければいけません。

答案を書く：定期試験・大学院入学試験・入社試験

1 答案作成の心得

答案は読み手を意識して書く

 小論文（答案，レポート），卒業論文，就職試験論文のいずれであれ，文章は読み手を意識して書かなければなりません。日記はそうでないかもしれませんが，文章は自分の考えや気持ちを表現することだけを目的として書くものではなく，相手に理解してもらい，納得してもらうために書くものです。とくに，答案は，読み手（採点者）の側に立って分かるように，なるほどと納得できるように書かなければなりません。

 試験の答案は，どれだけ勉強したかを，授業内容をどれだけ理解しているかを教師に見せるものです。

答案の読み手は"さらり"と読むかもしれません

みなさんは,期末試験,入社試験,大学院への入学試験などで小論文の作成を求められるかもしれません。

読み手に時間的余裕があれば,答案はじっくりと読まれるかもしれませんが,採点のための時間が限られ,たくさんの答案を読まなければならないときは,採点者は"さらり"と答案を読むでしょう。ということは,解答者は,答案というものは,じっくりと読まれるものではなく,"さらり"と読まれるものと考えたうえで,答案を書かなければなりません。

もちろん課題によりますが,"さらり"と読むことが予想される場合には,答案にはキーワードを必ずや書いておかなければなりません。

2 良い答案を作成するためには

出題意図に応じた解答:期末試験・大学院への入学試験

論述形式の試験では,「課題」が出題者(教員など)によって与えられています。課題の受けとめ方に,みなさん1人ひとりの自由は認められていますが,そこには一定の枠のようなものがあるように思います。

期末試験や大学院への入学試験での出題者のねらいは,講義や試験分野の理解度のチェックですので,出題意図を考えたうえで,「講義や試験分野に関する理解」を示すように解答すればよいでしょう。

Ⅲ◆答案を書く：定期試験・大学院入学試験・入社試験

出題意図に応じた解答：入社試験

入社試験での出題者のねらいは，解答者の教養や文章能力のチェックのみならず，従業員としての適性および意欲をも見ることです。ですから，この出題意図を理解したうえで，解答しなければいけません。

ポイントをはずれた答案を書いてはいけません

期末試験や大学院への入学試験では，「自問自答」はいけません。出題者によって与えられた課題に対して正しく解答すべきで，課題を誤解したり，課題を無視して解答してはいけません。課題研究レポートでは，出題者は，解答者がその課題をどのように受けとめて，どのような主題を設定し，どのように論理展開するのかに関心をもっていますが，論述形式の試験問題では，出題者は，ある程度同種の解答を期待しています。

3 答案をどのように書けばよいのか

「文字」がつながって「語」になり，「語」がつながって「文」になり，「文」がつながって「段落」になり，「段落」がつながって「文章」になります。答案作成のうえで，次の4点に注意しましょう。

① 文の長さを短くしましょう

海保編［1995］の例文を用いて，説明します。

「所得水準の向上や労働条件の安定などによって生まれてく

る，生活の時間的，精神的ゆとりを十分に活用し，これからの生活を楽しむための1つの手段として旅のあり方をここで考えてみたい。」

この1文は句読点を含めて87字もあり，実に長い文です。文が長くなると，どうしても構造が複雑になり，分かりにくくなります。

「所得水準が向上し，労働条件が安定した。こうして生活に時間的，精神的ゆとりが生まれてきた。このゆとりを十分に活用し，生活を楽しむことが大切だ。そのための1つの手段として旅がある。ここで，旅のあり方を考えてみたい。」

このように，1つの文の中では，1つの比較的単純な内容だけを書くようにします。そうすれば，文ごとに意味をまとめ，内容を整理しながら読むことができます。

② 段落を設けて，その中で1つの内容だけを述べましょう

「文」がつながって「段落」になります。1つの段落では，ひとまとまりの内容だけを述べるようにします。

③ 段落の頭は，1字下げて書きましょう

段落が1つの意味のまとまりであることを視覚的にもとらえることができるように，段落の頭は1字下げて書き，段落の終わりでは改行します。改行して，1字下げて書くと段落ができるのではありません。意味のまとまりの文を作って，そのまとまりを強調するために，改行して1字下げて書くのです。

④ 起承転結

「段落」がつながって「文章」になります。では，どのように

Ⅲ◆答案を書く：定期試験・大学院入学試験・入社試験

「段落」つまり「意味のまとまりの文」をつなげればよいのでしょうか。つなげ方の1つのあり方として「起承転結」があります。「起」で書いた内容を「承」で受けて，1つのまとまった内容を構成します。次に，一応「起承」とは独立した意味のあるまとまりである「転」を提示します。そして，「結」で全体をまとめます。

レポートを書く：課題研究レポートと自由研究レポート

1 レポート作成の心得

論文は受け身の態度では書けません

　長い論文であろうが，短い論文であろうが，「論文を書く」という作業は精神の集中力と持続力を必要とします。読書や講義では受け身の態度は許されますが，論文は受け身の態度では書けません。論文は能動的に取り組まなければ書けません。

　レポートの生命はあくまでも研究そのものであり，「書く技術」あって「書く内容（研究）」なしでは，良いレポートとは言えません。

　400字詰原稿用紙4，5枚から長くて20枚程度の小論文（レポート）を書くにあたっては，次のことを心掛けましょう。

　①　重要なことは論述の論理的展開です。

　②　限られた枠の中での構成を十分練ったうえで書き始めるべき

です。

2 良いレポートを作成するためには

レポートであればこそ，工夫が必要です

　短い論文であればこそ，レポート作成には次のような工夫が必要です。といってもはじめから細かいところを気にしていると，なかなか書けませんので，まずは一気に書き上げ，そのあとで，以下のポイントに，気をつけて手直しをすればよいでしょう。

① テ ー マ

　レポートのテーマは具体的な小さいものでなければなりません。テーマは狭く，しかもその研究が奥深い問題に連なるようなものを選ばねばなりません。

② 書 き 出 し

　短い文章ほど書き出しに工夫がいると言われています。全体の構成を考えたうえで，小さいテーマにふさわしく明快に書き始めなくてはいけません。読み手をレポートに引き込むような工夫が必要です。

③ 展開の仕方

　本論は，内容の上でも書き出しを受けるものでなければなりません。また，文章の結びは，論述の展開から必然的に導き出されるものでなければなりません。あれこれ余計な論点を取り上げて，論述の展開を混乱させてはいけません。話の筋は1本に絞りましょう。

Ⅳ◆レポートを書く：課題研究レポートと自由研究レポート

④ 展開の順序

事実や論点は順序よく配列されていなければなりません。順序は，時間的順序，論理的順序のいずれかでしょう。議論が飛躍することのないように展開します。

⑤ 結　　び

結論を簡潔・明瞭に書くことが，レポートではとくに重要です。そして，結論と書き出しや展開との連関が明確でなければなりません。

⑥ 引　　用

長い引用文は不必要です。というのは，レポート文との割合であまりに長い引用は論述の流れを悪くし，全体に冗漫な印象を与えてしまうからです。むしろ，短い引用文であっても，引用すべき文の要旨をみなさん流の文体に書き直して，レポート文の中に織り込むような引用の方が読みやすいかもしれません。このときは，引用された説であることを明示するために，出所・出典を明記しなければいけません。ただし，資料紹介という意味で長い原文を引用するための文章であるならば，長い引用もやむを得ないでしょう。

⑦ 注

レポート文に大量の注を付けると，どちらが本文で，どちらが注か分からなくなってしまいます。注は必要最小限にとどめることが大切です。必ずしも典拠の厳密さを要求されないレポートにおける引用の場合などは，「ケインズが『一般理論』で述べたように」といった仕方でケインズの言説を引けばよく，『一般理論』

何ページという注は必要ありません。

3 課題：内容にふさわしい名前を付けましょう

課題研究レポートと自由研究レポート

　大学では，講義や演習（ゼミナール）で「レポート」の提出を求められることがあります。「これこれについて書きなさい」と言われれば「課題研究レポート」，「好きな題を選んで書きなさい」と言われれば「自由研究レポート」です。課題が与えられている場合の方が書きやすかったり，与えられていない場合の方が書きやすかったりするかもしれませんが，本章では，レポートをどのように書けばよいのかを説明します。

誰が課題を設定するのか

　課題研究レポートでは，出題者（教員など）が課題を設定し，自由研究レポートでは各自が課題をそれぞれ設定します。

課題とはレポートの看板です

　ところで，「課題」とは何でしょうか。レポートを書くときに，「何についてのレポート」であるのかを示すために，表紙もしくは1枚目のペーパーの頭に題名を書くと思いますが，それが「課題」です。みなさんは，他人のレポートを見たとき，課題名だけで，何のレポートであるかが分かるでしょう。読み手は「課題」名を見れば，そのレポートが何についてのレポートであるかが分かります。

Ⅳ◆レポートを書く：課題研究レポートと自由研究レポート

課題名はレポートの看板のようなものですから，はっきりと何についてのレポートであるかが分かるようにネーミングする必要があります。格好の良い，いかにも学術レポートと思われるようなネーミングを付けたいものです。

肉を売っているから「肉屋」，魚を売っているから「魚屋」の看板を掲げることができるのであって，肉屋と看板を掲げて魚を売ってはいけません。同様に，レポートの題名（タイトル）と内容は一致するようにしなければいけません。本書の主タイトルは『アピールできる レポート/論文はこう書く！』ですが，これは本書を書き始める前に考えていたタイトルではなく，書き上げた内容を読んで付けたタイトルです。誕生した子供に命名するように，みなさんが書き上げたレポートに，内容にふさわしい素敵な名前を付けましょう。

課題名・目次をメモ書きにして机の前に貼る

レポートを書き始める前に，仮の課題名と目次を考え，課題名と目次をメモ書きして机の前に貼っておくことをすすめます。そうすると，日常生活の中でいろいろとアイデアが浮かんできて，レポートが完成するまでに，何度か課題名や目次が変わるでしょう。課題名・目次が変わることは，みなさんが成長し，良いレポートが出来上がることを意味しているように思います。

4 主題：要するに何を言いたいのですか

課題は自覚していても，主題ははっきりしません

課題研究レポートでは，どのレポートも，出題者によって与えられた課題について書いているでしょう。そこで，みなさんに聞きたいと思います。

「このレポートでは要するに何を言いたいのですか。一言で言って下さい。」

さあ，いかがでしょうか。みなさんは書き上げたレポートの主張点を一言で言えますか。この一言が「主題」であり，レポートの主張点を一言で言うことができなければ，「課題あって，主題なし」ということになります。

では，主題とは何ですか

主題は，レポートの内容の要約ではありません。主題は，レポートの読み手，つまり出題者に対して，伝えたいことがらの中のもっとも核になるものです。

主題文を書こう

木にたとえれば，「主題」は幹にあたります。短いレポートを書くときにも，長いレポートを書くときにも，とにかく「主題文」（主題を1つの文にしたもの）を書いてみることです。そうすると，レポートの内容の統一性，方向性がはっきりとしてくるでしょう。レ

Ⅳ◆レポートを書く：課題研究レポートと自由研究レポート

ポートの各構成要素は枝，葉などにあたり，幹がしっかりとしていれば，木は倒れません。幹が桜であれば，梅の枝などあるはずがありません。幹がしっかりしていないと木が倒れるように，主題がしっかりしていないと，レポートは支離滅裂の内容になってしまいます。

5　課題研究レポートをどのように書けばよいのか

出題者のことを考えましょう

課題研究レポートは「課題」が与えられているレポートです。とすれば，課題を与えている人，つまり出題者のことを考えないと，良いレポートは書けません。

良い課題研究レポートを書くためには

課題研究レポートを書くときには，次の点に注意しましょう。

(1) **出題者の課題設定のねらいを考えましょう**

出題者は，同一の解答を期待しているのでしょうか。否，レポートは「2 + 2 = 4」のような1つの，同一の解答が出てくることは期待されていないでしょう。むしろ，出題者はさまざまな解答が出てくるように課題を設定しているのが普通です。「2 + 2 = ?」と課題を設定されると，「4」という1つの解答のみを出題者は期待していると，解答者は考えるでしょう。しかし，さまざまな解答が出てくるように課題を設定されると，「出題者は解答として何を期

待しているのだろうか」と解答者は考えなければなりません。出題者は，解答者がその課題をどのように受けとめて，どのような主題を設定し，どのように論理展開するのかに関心をもっています。Only One ということではなく，出題者の課題設定のねらいを考えて，Best One を書きましょう。

(2) 論理展開するための材料を考えましょう

「あることを言いたい」「あることを伝えたい」これは主題です。解答者は，主題について，どんな「材料」を用いて論理展開すればよいのでしょうか。材料には，理論分析モデル，実証分析結果，具体的な事例，統計の数値，たとえなどがありますが，どのような材料を使うかは，課題や主題によって，あるいは解答者の便宜や読み手（出題者）に対する考慮によって，それぞれに異なるでしょう。

(3) 材料の配列を考えましょう

出題者（読み手）の頭の中に順序よく材料を送り込むためには，どのように工夫すればよいのでしょうか。材料の配列については，次の3点を知っておきましょう。

① 同じ種類（性質）の材料は，同じ所にまとめておきましょう。
② 材料の配列の基本は，時間的順序（過去から現在，現在から将来の順に書く），原因・結果の順序（原因を述べて，結果を記す），空間的順序（例えば北から南へ，あるいは外から内へ書く），問題設定・解決の順序（問題点を挙げて，その解決策を論ずる）です。ただし，これらの順序を逆にする方が，｜主

Ⅳ◆レポートを書く：課題研究レポートと自由研究レポート

題」についての論理展開を行う際に効果的な場合もあるかもしれません。心掛けることは、いかに材料を配列すれば、読み手に理解してもらいやすいのかということです。

③ いくつかの材料が、同じ時間的順序、同じ原因、同じ空間的順序、同じ問題設定であったときにどのように配列すればよいのでしょうか。そのときは、重要なものから書くことです。そして、材料がたくさんすぎるときは、すべてを書かずに、重要ないくつかの材料だけを選び出して書く方が効果的かもしれません。あれもこれも言うと、読み手に対して、レポートの印象が薄くなるかもしれないからです。

⑷ **レポートの文章構造を考えましょう**

レポートが長文であればあるほど、文章構造を考えなければなりません。文章構成の「型」には、以下で説明する三段階法、四段階法、五段階法がありますが、みなさんはこれらの「型破り」にチャレンジすることもあるでしょう。しかし、「型」「基本」は重要であり、文章構成の「型なし」はいけません。

① 三段階法（序論・本論・結論）

出題者は、解答者がその課題をどのように受けとめて、どのような主題を設定し、どのように論理展開するのかに関心をもっています。「序論」では、課題をどのように受けとめて、どのような主題を設定しているかを述べます。「本論」では、主題についての論理展開を行い、レポート枚数が最も多いところです。「結論」では、レポートの要約を行ったり、主題を繰り返したり、当

該議論のこれからの見通しを述べたりします。出題者がレポートを"さらり"と読むかもしれないことを考えれば，序論では，読み手を引きつける工夫を行い，このレポートでは何が言いたいのかをはっきりと書いておく方がよいでしょう。

② 四段階法（起承転結）

四段階法の「起」は三段階法の序論，「結」は結論にそれぞれ対応しています。そして，「承」と「転」は本論に対応しています。

③ 五段階法

出題者は，レポートを"さらり"と読むかもしれません。そんな出題者に印象よく，「何が言いたいか」を読んでもらおうと思えば工夫をしなければいけません。さあ，どのような工夫をすればよいのでしょうか。参考になるのは，広告文の文章構成です。次の例文は，財務省によって作られた「個人向け国債」の広告文です（五段階法を説明するための便宜として，5つの番号を付けます）。見出しは「はじめませんか。あなたの国債。」です。

1　読み手の注意を引く段階

みなさんにとって，国債って，どんな印象ですか。

2　読み手に問題意識や要求を抱かせる段階

聞いたことはあっても，預貯金や株式ほど身近じゃないという方がほとんどではないでしょうか。でも，本当は，もっと個人のみなさんに国債を知ってほしい。そして，もっと国債に投資してもらいたい。

3　読み手の問題意識や要求に回答，解決策を示す段階

そこで，誕生しました「個人向け国債」。

Ⅳ◆レポートを書く：課題研究レポートと自由研究レポート

4　回答・解決策の詳細な点を述べる段階

　個人の方のみを対象とした，1万円からご購入いただける，お求めやすい国債です。満期日の元本の償還や，半年ごとの利子のお支払いは，国が責任を持って行います。

5　読み手を行動に誘う段階

　安心，手軽な「個人向け国債」，あなたもはじめてみませんか。

　この5つの段階は，各段階が，次の段階への動機づけとなっています。

6　自由研究レポートをどのように書けばよいのか

　「これこれについて書きなさい」と言われれば「課題研究レポート」，「好きな題を選んで書きなさい」と言われれば「自由研究レポート」です。みなさんは「課題研究レポート」と「自由研究レポート」のどちらの方が書きやすいでしょうか。つまり，課題が与えられているのと，与えられていないのとどちらの方が書きやすいでしょうか。

課題の設定と解決

　みなさんにはどちらも書きやすいと答えてもらいたいのですが，「自由研究レポート」が苦手という人がいれば，それは困ったことです。というのは，いずれみなさんが就職するであろう企業は「問題設定能力」と「問題解決能力」の両方をみなさんに求めているのですから，課題を設定するだけで，解答できない人も困りますが，

課題が与えられれば解答できるが、課題を自分で設定することができない人も困ります。

自由研究レポートは難しいのか

みなさんは、自分で課題を設定するのが苦手なようです。課題研究レポートは、課題が与えられているから簡単なように見えるかもしれませんが、課題研究レポートでは、「出題者が課題を与えた意図がどこにあるか」を考える必要があり、実はこちらの方がたいへんです。他人の嗜好よりは、自分の嗜好の方が分かっているものです。他人が甘党か辛党を推量するよりは、自分が甘党であるか辛党であるかの方が分かるでしょう。

みなさんは「私は甘いものが好きだ」「私は和菓子よりは洋菓子の方が好きだ」「洋菓子の中でもケーキが好きだ」「ケーキの中でもチーズケーキが好きだ」ということを自己主張できるでしょうし、それと同程度のことをレポートで自己主張することができれば、実は自由研究レポートは難しいように見えても、難しくはないのです。「自由研究レポートで何について書きたいのですか」というのは、「何を食べたいのですか」ということと同じようなことなのです。

この課題はおもしろい

読み手に「この課題はおもしろい」と思わせるような課題を設定することが重要です。課題が設定できれば、あとは「課題研究レポートをどのように書けばよいのか」で説明した通りのことをすればよいでしょう。

V 卒業論文を書く

■■
■□ 1 卒業論文作成の心得

「学んで思わざれば罔（くら）し，思うて学ばざれば
殆（あやう）し」

『論語』に「学んで思わざれば罔（くら）し，思うて学ばざれば殆（あやう）し」という言葉が出てきますが，卒業論文を大学4年間，ゼミ2年間（2.5あるいは3年間）の学業の集大成として作成するねらいは，まさにこの孔子の言葉にあるように思えます。貝塚茂樹『論語』には，この孔子の言葉は「先生について書物を習っているだけで，自分で意味を考えてみないと，ぼんやりとして，とりとめがなくなる。また，自分で考えていただけで先生について書物を習わないと，疑いばかり多くなるものだよ」と解釈されていますが，これはまさに卒業論文作成の心得を示しているように思えます。

卒業論文作成は，教員と学生，学生間の双方向のディスカッション

　講義のほとんどは，教員から学生への一方向のコミュニケーションしかとられませんが，ゼミでは教員と学生，学生間の双方向のコミュニケーションがとられ，主体的に，批判的に読み，聞き，書くことができます。卒業論文とは，教員と学生，学生間の双方向のディスカッションの中で，みなさんの主体的・批判的学業を実践するものです。ですから，文章を書く技術も，人前で発表するプレゼンテーションやディスカッションの技術も磨かれるでしょう。

「手ごわい問題」を取り扱った卒業論文を作成

　卒業論文は，批判的学業を実践するものであると言いましたが，それは，ただ卒業要件の1つとして，卒業論文を作成するのではなく，みなさんにチャレンジ精神をもって卒業論文の作成に励んでもらいたいとの願いから述べたものです。ニーチェ『この人を見よ』（岩波文庫）は「ひとの生長度を知るには，どれほど強力な敵対者を－あるいは，どれほど手ごわい問題を，求めているかを見ればよい」と述べています。みなさんには，チャレンジ精神を発揮して，「手ごわい問題」を取り扱った卒業論文を作成して欲しいものです。

2　良い卒業論文を作成するためには

卒業論文は自炊するようなものです

　卒業論文は，主体的学業を実践するものであると言いましたが，

これはたとえて言えば，自炊するようなものです。つまり，他人が作った料理を食べるのではなく，自分で料理を作り，食べるようなものです。では，おいしい料理を作り，食べるためにはどのようにすればよいのでしょうか。そのためには，ふだんから料理の腕を磨いておかなければなりません。いざ，料理を作るとなると，何が食べたいのかの嗜好をはっきりもたねばなりません。また，食材を購入するための予算をいくらもっているのか，調理にどれくらいの時間をかけることができるのかを知っておかねばなりません。

良い卒業論文を作成するためには

このたとえ話を卒業論文の話に戻すと，良い卒業論文を作成するためには，以下のようなことが必要になります。

① ふだんからの講義への出席と読書

ふだんから料理の腕を磨くように，ふだんから講義へ出席し，読書を行って，幅広い知識（語学や情報処理技術を含む）を習得しておかねばなりません。

古語に「書ハ言ヲ尽クサズ，言ハ意ヲ尽クサズ」とあるように，どんなにすばらしい書物でも，どんなに興味深い講義でも，それ自体は完全ではありません。ですから，みなさんは，努力して行間を読み，言外の意を探る必要があります。けっして，本に書かれていること，講義の内容を盲信してはいけません。批判的に読み，批判的に聴講することが必要だと思います。

② 問題意識

何を食べたいのかの嗜好をはっきりもたねば，食材も買えない

し，調理もできません。同様に，問題意識をもたないと，参考文献も収集できないし，卒業論文も書けません。ゼミ生の1人が，金融制度の歴史について報告したときに「歴史のことなので，何も意見を出せないのですが」と言ったことがあります。しかし，現在の視点から過去を学び，現在の立場から将来を見ることが必要で，問題意識をもって歴史を学び，古典を読めば，自ずからさまざまな疑問や意見が出てくるものです。では，どのようにすれば問題意識をもてるのでしょうか。

みなさんにはたくさんの知的経験をもってもらいたいと思います。そのためには，講義のほかに，学内で行われている講演などに出席し，直接肌で感じる知的刺激を受けることが一番だと思います。

③ 限られたスケジュールの中での，良い参考文献の参照

食べたいものがはっきりすれば，次は食材の購入です。いくら料理が上手でも，やはりおいしい食材を探すことが大切です。同様に，卒業論文で取り上げるテーマが決まれば，次は参考文献の探索です。良い論文・本を見つけることが重要です。何が良い文献かはゼミの先生と相談すればよいのですが，参考文献に頻繁に挙げられてある文献は，基本文献と考え，限られたスケジュールの中で，できるだけたくさんの文献をていねいに読むことをすすめます。

3 卒業論文作成のプロセス

卒業論文では，分かりやすい，首尾一貫した文章を書く

　卒業論文では，分かりやすい，首尾一貫した文章を書かねばなりません。「分かりやすい文章」とは，読み手の立場に立った平易で，簡潔な文章のことです。分かりやすい文章を書くためには，日頃からたくさんの学術論文を読み，分かりやすい手法と構成をまねることから始めるのが効率的です。

　「首尾一貫した文章」を書くためには，「論文の筋道は通っているのか」「論文の形式は整っているのか」の2点に留意する必要があります。卒業論文の形式（仮表紙，扉，目次，まえがきまたは序章など，本文，あとがきまたは終章など，参考文献の順番で綴じることなど）については，各大学・学部が作成している「研究指導論文・同要旨の作成要領」を見れば分かると思いますので，ここでは「論文の筋道は通っているのか」について説明します。

　卒業論文は，「主張」を論理一貫，筋道を立てて説明していく形をとらなければなりません。つまり，意見や主張を結論として述べなければならず，そして結果を導き出すための論理的筋道が分からなくてはなりません。筋道がはっきりして，はじめて他の人を納得させることができますし，また，意見を異にする人との議論が可能になります。

「筋道の通った文章」を書く

「筋道の通った文章」を書くためには,「問題を設定する」「設定した問題について仮説を設け,それを分析するための方法を検討する」「検討された分析方法で論証を図る」「結論を導く」の,順番で書くことが必要です。以下では,これらの4つの段階を説明します。

① 問題設定

論文の新鮮味は,この問題設定です。良い問題の設定は,良い論文につながります。しかし,みなさんは,まずこの問題設定で苦労するはずです。「何を書けばよいのか分からない」とこぼしたり,テーマを決めても,テーマが再三変わるゼミ生が少なからずいます。限られたスケジュールの中で,何を,どこまで明らかにできるのかを見極めることはたしかに難しいことですが,これは論文を作成してはじめて分かるものです。みなさんは,まずは卒業論文の全体構成にとらわれることなく,もっとも興味のある事柄から調査・分析し,それを書きとどめることです。また,書き留めたことについて,人とディスカッションすることです。書き始めると,上下,左右に議論が展開し始めるものです。また,人とディスカッションすると,相手の反応から,設定した問題が意味あるものかどうか知ることができるかもしれません。

みなさんは「テーマを決めてから文献資料を集める」と考えがちですが,実際の作業では,「文献資料を集めながらテーマを決める」に近いかもしれません。テーマと文献はワン・セットです。テーマが決まらないと文献資料は探せませんが,文献資料が探せないとテーマは変更せざるを得ません。あるいは,テーマとは関

係ない，しかし良さそうな文献が見つかると，テーマを修正した方がよいかもしれません。

② 仮説とその分析のための方法

内閣府作成第1号の『経済財政白書』(旧『経済白書』)を読んでいて，同白書の第2章「不良債権問題と日本経済の実力」に興味をいだき，それを卒業論文のテーマとして，取り組み始めたとします。このとき，「不良債権問題は日本経済低迷の原因である」あるいは「日本経済の低迷が不良債権問題の原因である」というまったく相反する仮説を立てることができます。まずは，これらの仮説を検討している先行研究をサーベイする必要があります。そして，先行研究の結論にチャレンジできる「仮説」が，論文作成のインセンティブ（誘因）になります。『経済財政白書』の「おわりに」で「不良債権と経済低迷は『鶏と卵』だが，最近の実証分析によると因果関係は金融が先」と書かれてありました。本当かなあ，と疑問を抱けば，あとはこの結論にチャレンジできる仮説，つまり「日本経済の低迷が不良債権問題の原因である」という仮説を立て，これを論証できる分析方法を検討すればよいでしょう。

③ 論　　証

仮説を立て，分析方法が確定すると，次は，その仮説を，その分析方法で論証しなければなりません。論証の仕方には，「言語論理法」「記号論理法」「数式論理法」「実証解析」などがあると言われています。いずれの方法においても，概念をはっきり規定しておくことが必要です。

④ 結　　論

　卒業論文の結論部分では，上述のプロセスを経てきた結果，得られた結論のみが書かれなければなりません。最近の研究状況における自分の研究結果の位置づけ，意味づけを述べる必要があります。それまで述べてきた論理展開を飛び越して，何らの根拠も示していない結論を書くことは控えなければなりません。

　これら4つの段階が踏まれていない論文は，一体何を問題にし，何を結論として言いたいのかが分からない論文，また，検討されるべき仮説とそれを分析するための方法が不明瞭な論文ということになります。

4　引用文をどのように作成すればよいのか

引用のルール

　参考文献からの引用を行う場合には，自分の論文の中のどの箇所が引用部分であり，どこからが自分の意見であるのかを明らかにしなければなりません。そのために，次のような引用のルールがあります。

① 　引用を文章の形で挿入する場合，引用は細部に至るまで忠実でなければなりません。自らの手で訂正したり加筆した箇所は括弧で示し，省略部分は括弧内に……で示します。

② 　引用はかぎ括弧「　」で示します。引用部分の中にも他からの引用部分があるときにはそれを二重かぎ括弧『　』で示しま

V◆卒業論文を書く

す。
③ 引用した文献資料名，引用部分が掲載されているページを明記します。

5　注をどのように作成すればよいのか

引用注と内容注

「注」は，その役割から「引用注」と「内容注」に分けることができます。「引用注」は，引用についての情報を与えるための注です。「内容注」は，本文中の論理，あるいは概念，内容等の説明のために必要である一方，本文に挿入すると本文の議論の展開が妨げられる場合に用いられます。注は，脚注としてページの下部分に掲げるか，注を集めて本文末尾に掲げます。

VI 修士論文・博士論文をどのように始めるのか

1 テーマ設定の心得

テーマ設定の心得：小さいテーマを設定しましょう

　学術論文（卒業論文・修士論文・博士論文）の「テーマ」とは，論文で取り上げる問題のことです。卒業論文を作成している学生を見ていると，何を問題として取り上げて書けばよいのか一向に分からないままに時間が経過し，いよいよ提出期限が近づいて，あわてて何かやさしそうなテーマを拾うということがあります。「Aというテーマが面白そうだと思ったが，図書館に行っても文献が見つからない。Bというテーマについては，いろいろ本が出ているようだが，Bのテーマのためには高等数学ができないと取り組めないらしい。Cのテーマなら書けそうだが，面白くなさそうである。しかし，時間がないので，Cのテーマに決定した」ということがしばしば見

られます。これでは、研究のモティベーションも低く、研究時間も限られているので、良い論文を書けるはずがありません。

テーマを設定するための出発点は「問題意識」です。みなさんは、きっと「もっと深く知りたいと思う疑問の点」や「心を引いた問題」をもっているはずです。みなさんは、問題意識の欠如よりは過多かもしれません。そして、みなさんは、大小いろいろな問題があるとして、どの問題の、どの点を、論文のテーマとして設定してよいのか判断できないかもしれません。

「テーマ」の大小とは何でしょうか。それは学術雑誌の目次を見れば見当がつくでしょう。「大きな問題に取り組んではいけない」というのは、みなさんのチャレンジ精神にケチをつけることになりますが、大問題は学術論文のテーマとして不向きです。限られた時間・ページ数の中で論述しなければならないので、取り組む問題が大きすぎますと、どうしても論文内容が浅薄になります。大きいテーマに取り組むと、これまでの研究蓄積から盗み取ってくるだけで忙しく、みなさんの貢献をする時間がなくなります。みなさんの問題意識を生かして、「より小さいテーマ」を設定しましょう。

テーマを先生から与えられると楽かもしれませんが、楽しくないかもしれません

学生がテーマを見つけることができないとき、先生が学生にテーマを与えることがしばしばあります。テーマを与えられると学生は楽でしょうか。楽な一面はあるかもしれませんが、テーマの意味が分からなければ論文を作成することはできないでしょう。あるいは、

Ⅵ◆修士論文・博士論文をどのように始めるのか

学生にとって興味のないテーマであるならば，論文作成のモティベーションを低めるでしょう。

テーマがどのような研究上の意味をもつかを自分なりに理解してこそ，高いモティベーションをもって論文作成に取り組むことができるのです。先生から与えられたテーマも，自分がその意味を理解できたときには，自分が見つけたテーマと変わらないでしょう。

2 テーマをどのように設定すればよいのか

テーマをどのように見つければよいのか

では，テーマをどのように見つければよいのでしょうか。どのようなテーマが学術論文のテーマとして適当なのでしょうか。まずは，テーマを次のようにして探しましょう。

① みなさんの研究分野の学術雑誌の目次を見ましょう。いろいろな標題がならんでいますが，これらの標題がそれぞれの論文の「テーマ」です。
② 研究入門書を見ましょう。
③ 先生や先輩に相談しましょう。

テーマをどのように設定するのか：テーマ側の条件

テーマをどのように設定するのかについて，「テーマそのものの条件」と，「みなさん1人ひとりの条件」の2つを考えねばなりません。

① 研究意義のあるテーマを見つけましょう

　研究意義のあるテーマを見つけることができれば，その研究のために情熱を燃やし，エネルギーを注ぐことができるでしょう。

② 研究のための文献資料を見つけましょう

　文献がなければ何もできないでしょう。テーマに関連のありそうな文献の目録を作ることから論文作成が始まります。標題はまったく無縁そうでも実は自分のテーマに重要な示唆や資料を与える文献は意外に多いものですが，それが分かるようになるのはもっと研究が進んでからのことです。絶対不可欠な文献資料が利用できるかどうかを確かめてからテーマを決めましょう。

テーマをどのように設定するのか：みなさん側の条件

　テーマを見つけ，研究のための文献資料を見つけたとしましょう。さあ，みなさんは文献（本や論文）を読めるでしょうか。読むには，専門知識や外国語，数学や統計学などが必要かもしれません。もしみなさん側に「読む」ということにハンディがある場合には，みなさんの「能力」に応じたテーマに変更しなければならないでしょう。

　斎藤［1988］に次のような良い例が紹介されていました。1本限りでなく，これからも論文を書き続ける機会があるならば，たいへん参考になると思います。

　　「古代ギリシア史の大家として知られる村川堅太郎教授は，このような場合について適切な忠告を与えておられます。古代ギリシア史を研究するにはギリシア語が不可欠である。しかし，例えば，ギリシア語をマスターするにはまだ日がかかるが，しかしギリシ

ア史を自分の仕事としたいと考え，卒業論文にギリシア史に関するものを書きたいと願っている学生がいるとします。そのような人は，例えば『アリストテレス全集』を英訳を頼って読み，アリストテレスの政治思想といったテーマで論文を書きなさい，そして次の段階の大学院を終わるまでにはギリシア語による研究ができるように併行してギリシア語の勉強も進めなさい，と村川教授はすすめておられます。古代ギリシアについては何といってもヨーロッパが研究の本場であり，これまでの蓄積は巨大なものです。それだけに英語だけでもかなりのところまで古代ギリシアに迫ることができます。このような分野については，確かに英語を媒介した研究とギリシア語の修得とを或る期間併行させることが可能です。」(pp.20−21)

3 何から始めればよいのか：文献を探す

「文献探索の努力」と「問題を考え抜く情熱」

学術論文を作成するには，文献の検索を行わなくてはいけませんが，研究を行い，その成果を学術論文（卒業論文・修士論文・博士論文）にまとめるには，まず「狂気のような情熱」が必要なことを理解しましょう。

あるテーマについて調べ抜き，考え抜こうとすると，文献検索は煩わしいものに感じられるかもしれません。さまざまな文献資料を1本の論文にまとめるためには何か狂気のような，一気にやり通す精神力がなければなりません。図書館などに足繁く通ってコツコツ

調べる努力と，問題を考え抜く情熱が，論文を書く根本的なエネルギーです。

資料なしでは学術論文は書けません

研究テーマが決まれば，次は，テーマに関連する資料収集です。「資料」とは研究にとって必要な素材のことであり，資料なしでは学術論文は書けませんし，資料が不十分ですと単なる思いつきしか書けません。

図面や写真など，さまざまな種類の資料がありますが，本書では文献資料を取り上げます。「文献資料」とは，文字によって記されたものであり，歴史学界では，これを次の3種類に区別しています。

① 文　　書

　一定の相手に何らかの意志を伝えるために書かれたものです。

② 記　　録

　日記やメモのように自分のために記したものです。

③ 編　　著

　「本」と呼ばれているような著述や編纂物です。

「足で書く」

学術論文作成について，「足で書く」と言われることがあります。論文作成に必要な文献資料は，じっとしていて与えられるものでなく，「発掘」という言葉がふさわしい「足を棒にして歩き回る」ことによってはじめて獲得されるものです。

新しい文献資料を発見することは研究の重要な一部であり，意義

のある資料の発見は,それだけで価値ある業績にもなるでしょう。資料収集の労苦を嫌がるようでは,良い論文は書けませんし,一人前の研究者にもなれません。

文献探索の技術

どの分野でも『研究入門』や『文献目録』などと題された文献があります。あるいは,学術雑誌には「学界展望」という特集論文(サーベイ論文)や関連分野の文献目録が掲載されています。最初はこのようなサーベイ論文や文献目録を手掛かりとして,テーマに関係のありそうな文献名を選び出して文献目録を作り,さらに百科事典・専門事典の関連項目を調べることから始めて,あちらこちらに探索の範囲を広げていきましょう。もちろん,図書館のカード・ボックスに釘付けになったり,古書店を歩いたり,という肉体労働も必要でしょう。

図書館で文献を探索するときには,次の3つのことを頭に入れておきましょう。

① 図書館の分類の「総記」というところには,図書目録や雑誌論文目録が収められていますから,それらの目録から書名を選び出すことができます。

② 新刊書については,『これから出る本』(日本書籍出版協会)や,新聞・週刊誌・月刊誌などの広告欄などを見る。また,『図書』(岩波書店)などの出版社PR誌も役に立ちます。

③ 洋書については,丸善や紀伊國屋などの書店の「新刊案内」速報を見る。

4 なぜ文献のサーベイを行わなければならないのか

文献サーベイの心得

　文献検索を行ったとしても，何がテーマに合った文献資料となるかは予め決まっているわけではありません。テーマに関係がありそうな題がついている文献を探し，読んでみたが，論文作成には一向に役に立ちそうにないことがしばしばあります。これとは反対に，標題は一見したところ，テーマに関係なさそうであったが，読んでみると，その内容は論文作成に大いに役に立ったということもしばしばあります。つまり，何がテーマに合った文献資料となるかは，読んでみないと分からないのです。

　文献資料を見つけるときには，次のことを心掛けましょう。

① テーマに関係のありそうな文献名についてのリストを作る。これはいわば「試行錯誤的な」文献目録です。

② 研究が進んでいく中で，「試行錯誤的な」文献目録の中からある文献を削り，その中に他の文献を付け加える。研究が進み，論文が完成するときには，手直しされた文献目録はそのままで論文に付せられる文献目録になるでしょう。

③ 文献資料を見つけ，文献目録を作る中で，みなさんの研究が先学の研究蓄積（学説史）のどこに位置するのかを考えなければなりません。

文献サーベイのねらい

　文献サーベイのねらいは，これまでの研究史を整理し，みなさんの研究をその中に位置づけられるようにすることです。みなさんが取り組もうとする，あるいは取り組んでいるテーマについて，一体これまでにどれだけの研究蓄積があるのかを確かめなければ，みなさんが研究を始めるときに，どの地点から一歩踏み出してよいものやら分かりません。新しい論点だと信じていたものが，先人によってすでに解決済みで，ひょっとすると，踏み出す地点すらないかもしれません。このようなときには，さらに詳細に，これまでにどのような研究史があり，その中でどのような異なった論理展開が行われ，異なった結論があったのかを整理し，みなさんの研究スタート地点を見いださなければなりません。諸説を整理し，批判し，問題点を探ることはたいへんなことですが，それが研究というものです。

知っておきましょう！

原書と翻訳書

資料には,「第一次資料」と「第二次資料」があります。原書と翻訳書がある場合には,原書が第一次資料,翻訳書が第二次資料です。日本においてケインズがどのように解釈されてきたかを研究しようとするならば,むしろ翻訳書の方が第一次資料になるかもしれませんが,ケインズを研究する場合は,英語の原典が第一次資料です。

翻訳書が原書を正しく翻訳している保証はないのですから,第一次資料としての原書を研究の基礎としなければならないのは,証拠を固めるという学問上の要求に由来するものです。原書を利用できる状況にあるにもかかわらず,翻訳書だけしか利用していないならば,その結果は研究としては価値の低いものになります。

Ⅵ◆修士論文・博士論文をどのように始めるのか

5　ノートをどのようにとればよいのか

　研究テーマが一応決まり，文献資料を収集できたとしましょう。さあ，次は文献を読んで，ノートをとっていかなければなりません。ノートの取り方はかなりの工夫を要しますが，ノートをどのようにとるかは，みなさんそれぞれの好みによるでしょう。

　ノートで有名なのは，レーニンの『哲学ノート』や『帝国主義ノート』です。レーニンは，図書館を実によく利用し，ページ数をきちんと記入しながら，手書きで書き抜きを行っています。引用した部分について，感心したところには「！」をつけてあったり，笑うべきところには「ハハハ」などと書いています。あるいは，「注意！」「重要」と書いてあったり，原著者の誤りを指摘していたりします。さらにアンダーラインを書いて，問題点の重要度を一目瞭然としています。学者としてのレーニンの研究の緻密さを伺うことができ，みなさんには大いに参考になるでしょう。

VII 修士論文・博士論文を書く

1 テーマをどのように決定するのか

「テーマを選んで，研究する」と「研究して，テーマを決定する」

みなさんは「テーマを選んで，研究する」と考えているでしょう。しかし，実際の作業では，「研究して，テーマを決定する」という逆になることが多いように思います。

私はいつも，机に座って見えるところに，論題と目次を書いたものを貼って，論文を書き始めます。研究が進んでいくうちに，目次は変わり，論題も変わります。変われば，それを書いたものを再度貼って作業を続けます。

研究における「思いつき」

「研究」とは，次々に関連のある文献を漁り，簡単な記述を読み，より詳細な記述を読み，1つの文献の参考文献から他にも文献のあることを知り，またそれを探し出してきて読む，といった作業の連続を意味しています。

文献を読んでいるうちに，このテーマについては想像していたよりも膨大な量の研究がすでに存在していることに気づきます。そこまで分かってくると，みなさんは，そのような研究の蓄積に付け加えるべきものは何か，つまり「私はどんな貢献ができるのか」について悩むことになるでしょうし，不安を感じるようになるでしょう。しかし，ここまで研究を進めてきたのも事実ですし，「いまさら別のテーマに変えるわけにはいかない」，さらに本質的な問題として，「依然として，このテーマを研究し続けたい」と思っているかもしれません。このときは，テーマをさらに狭いものに制限し，これまでの膨大な研究蓄積に潜む欠陥や空白について意識することです。

このような意識は「思いつき」と呼ばれているものですが，研究において「思いつき」は重要なものであり，それがみなさんの独創性です。「思いつき」をそのまま放置するのは素人のすることであり，具体的な形あるものにするのが「研究者」です。「思いつきは机に向かって悩んでいても生まれるものでなく，坂道を歩いているときにいい思いつきが生まれる」と言われることがありますが，それは平常その問題について思いめぐらしているからでしょう。

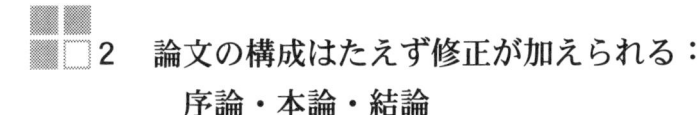

2 論文の構成はたえず修正が加えられる：序論・本論・結論

論述には秩序がなければなりません

学術論文（卒業論文・修士論文・博士論文）の構成には，何らかの「筋」がなければなりません。論文は，内容の真理性によって評価されるべきものですが，学術的内容を読み手に伝えるためには，論述に秩序がなければなりません。

論文の構成：「序論」「本論」「結論」

論文は，「序論」「本論」「結論」の3つの構成要素からなっているのが普通ですが，研究が進行していく中で，論文の構成はたえず修正を加えられるでしょう。例えば，序論を書いていると長くなりすぎて，それだけを1本の論文としてまとめることもあります。

全体を何章に分けるのか

全体を何章に分けるか，それぞれにどれだけのページ数を割り当てるかをまず考えて，研究の進展とともに，その構成を修正しながら，論文を書きましょう。

2.1 序　　論
序論は論文のPR文

論文では，「序論」を「序」「緒論」「緒言」と呼んだりしています。

序論はもっとも書きにくいと言われ、実際の作業においては、「本論」「結論」「序論」の順で書き、あとで「序論」「本論」「結論」の順に並び替えることがあります。

「序論」は、論文のPR文ですので、読み手の関心をそそるものでなければなりません。ただし、読み手は素人ではなく、玄人なのですから、専門家向きのPR文でなければなりません。常識化していることは書かずに、「なぜその問題を取り上げるのか」「どれだけの研究蓄積があるのか」「どのような学説があるのか」「ある学説を補強するのか、批判するのか」などを書くようにしましょう。つまり、問題の所在と研究史の要約についての簡潔な説明を書きましょう。

「サーベイ」をどう取り扱うべきか

サーベイ（研究史の記述）は、みなさんの研究を従来の研究史の中に位置づけることになるでしょう。「サーベイ」がかなりのページ数を必要とする場合は、その部分は序論に入れないで、別の章（ないし節）として独立させた方がよいでしょう。ただし、その研究史の概略が学界でほぼ常識となっていると思われるような場合は、簡潔に要点だけを提示するにとどめて序論の中に盛り込んだ方がよいでしょう。

序論に割り当てるべきページ数は決まっていません

序論に割り当てるべきページ数は決まっていませんが、序論が本論並に長いのは奇妙です。しかし、序論は単なる前置きや挨拶では

ありませんから，2行や3行で済ませてしまうわけにもいきません。序論は論文の骨組みの1つであり，不可欠なものですが，ページ数は論文全体の1割以下に押さえましょう。

「序文」「はしがき」「まえがき」

1冊の本の場合には，序論とは別に「序文」「はしがき」「まえがき」などと呼ばれる短い文章が冒頭におかれます。「序文」「はしがき」「まえがき」では，執筆・出版の動機，意図，謝辞など主に個人的な感想を簡潔に書きます。しかし，論文では，「序文」「はしがき」「まえがき」は必要ありません。

2.2 本　　論

論文は，「序論」「本論」「結論」の3つの構成要素からなっています。論文の中で，章・節の見出しとして「序論」「結論」を付けることはあっても，「本論」と付けることはありません。本論は，テーマに即したそれぞれの「見出し」が付けられた，いくつかの章・節からなっています。

自然科学の分野の論文では，本論は「材料と手続き・方法」「結果」「考察」というパターンで構成されていますが，このパターンは人文科学・社会科学の分野でも用いることができるでしょう。

① 材料と手続き・方法

どのような材料（調査・質問・文献の吟味）を，どのような仕方で処理したかを述べます。

② 結　　果

材料を処理した結果を説明します。場合によっては，文章による以外に，図表などで表す方が適当であるかもしれません。

③ 考　　察

研究の結果を考察して，従来の諸説とどのように違うのか，どの点がみなさんの発見した新しいところであるのか，さらにどのような問題が新たに提起されたのか，みなさんの研究が残した問題はどの点か，などを論じます。「考察」は論文のもっとも核心的な部分です。

2.3 結　　論

論文では，「結論」を「結語」「結び」と言い換えたりすることがあります。

3 学術論文には体裁があります

体裁を整えていないと，学位論文として受理されません

「序論」「本論」「結論」を骨とすれば，それに肉をつけるものが「学術論文の体裁」です。骨組みはしっかりとしていなければなりませんが，論文の体裁を整えることも必要です。体裁を整えていないと，学位論文として受理されないでしょう。

論文の体裁とは

次のものを備えていることが「論文の体裁」です。

Ⅶ◆修士論文・博士論文を書く

(1) 標　　題（論文の題）

論文の標題に「主題」と「副題」とある場合は，両者とも書きます。

(2) 執筆者名

論文が共同研究の成果である場合は，執筆者全員の名を書きます。

(3) はしがき（あるいは「まえがき」「緒言」）

1冊の本や，かなり大きい分量の論文（400字×100枚以上）の場合に付けられます。普通の長さの論文では「はしがき」は付けない方がよいでしょう。「はしがき」では，指導や助言を受けた先生や資料の入手・閲覧にとくに便宜を与えてくれた人，調査に協力してくれた人などに対する謝辞を書きます。あるいは，執筆者が複数であるとき，その分担を明記します。

(4) 目　　次

「はしがき」の次に，別のページとして「目次」を書きます。目次は，読み手に論文の構成を予め知らせておくために必要なもので，読み手が目次によって，論文の内容について予想することができ，また章の間の関係を知ることができるようなものでなければなりません。目次にどの程度の段階までの見出し（編，章，節，項など）を書くべきかは，論文の分量や内容によって異なりますが，400字で50枚から100枚程度の論文であれば，章・節を書くだけでよいでしょう。「はしがき」や「摘要」「付録」「補論」「文献目録」などの

ある場合はそれも目次に書いておきます。

(5) 摘要（あるいは要約・梗概）

「摘要」は論文の要点またはあらすじを短くまとめたもので、400字1枚以内程度でまとめなければなりません。「摘要」は論文全体の最初の方（目次の前か後）におかれる場合と、最後におかれる場合があります。

(6) 本　　文

論文の本文は、「序論」「本論」「結論」の3つの要素から構成されます。構成の仕方と論述の順序を読み手に明確に分かってもらうために、編・章・節・項などの段落に分け、それぞれに内容が分かる「見出し」を付ける必要があります。「章」・「節」を必ずしも第一章とか第一節とか表記しないで、章についてはローマ数字（Ⅰ，Ⅱなど）、節についてはアラビア数字（1，2など）、その下の項については漢字（一，二など）や片仮名（イ，ロ，ハなど）やアルファベット（A，Bなど）を使うことも簡潔な印象を与えます。

① 編

本や、かなりの分量のある論文の場合、「編」を使うことがありますが、400字で50枚から200枚程度の論文では「編」を使うのは仰々しくなるので、用いないようにしましょう。

② 章

全体を何章に分けるかは論文の分量や構成の仕方によって一概に言えませんが、各章のページ数があまり不均衡にならないよう

Ⅶ◆修士論文・博士論文を書く

にしましょう。

③ 節

「節」は「章」より小さい区分ですが，「章」と違って必ずなければならない区分ではありません。各章での節の数があまり不均衡にならないようにしましょう。

④ 項

「項」は「節」よりさらに小さい区分ですが，「項」は見出しの言葉だけで十分です。

(7) 注

注の中で「後注」と呼ばれるものは，各章や各節の後，あるいは本文全体の後に一括して並べてあるものです。これを各章・各節の後にもってくるか，全体の最後にもってくるかは決まっていません。

(8) 付　　録

数値による論証を必要としたり，本文の説明を補ったりするために数表・図表などが必要になることがあります。それが1ページに収まりきらないような場合，付録として本文とは別に掲げた方がよいでしょう。付録には簡潔な題をつけ，付録が2つ以上ある場合には付録Ⅰ，付録Ⅱのように番号を付けておきましょう。

(9) 文 献 目 録（参考文献）

文献目録（参考文献）は論文の最後に置いたり，論文の各章ごとに置いたりします。論文を作成するために参考とした文献名を列挙

63

するのですが,参照したが本文中で直接引用しなかった文献を含めて掲げるようにしましょう。文献をどのように列挙するかはテーマの性質や論文の内容によって一様ではありませんが,著者名の五十音順・アルファベット順で配列するだけで十分な場合もありますし,文献の刊行年の順で配列しなければならないこともあります。

どのように見出しを付けるのか

「章」や「節」の見出しは,それぞれの内容を表すものでなければなりません。短く要を得た言葉を用いること,他の見出しと明確に区別できる言葉を選ぶことが必要です。本文の文章と区別できるような位置に書きます。

図表をどのように取り扱えばよいのか

数表・図表は,本文中に掲げる場合は,なるべく1ページの中に収まるように置くとよいでしょう。図表には番号を付けて,第1表,第1図などとし,標題を付けるようにします。

4 引用文をどのように作成すればよいのか

引用の心得

原文の意味を歪めるような引用をしてはいけません。たとえば,原文が「デメリットがあるが,メリットもある」として後半で肯定の意味を表しているのに,「デメリットがある」という前半しか引用しないとすれば,原文の意味を歪めることになります。

引用文の表記

引用文の表記については、次の3点を注意しましょう。

① 引用文はあくまでも原文通りが原則です。引用そのものを勝手に現代表記に改めることは、解釈の不当な現代化です。

② しばしば、原著者の誤りではないかと思われる箇所につき当たることがあります。例えば「大正4年」と書くべきところを「太正4年」と書いてあれば、明らかに誤りですが、このような文章を引用するときには、「太正4年」と引用し、その字の上に「ママ」と記します。勝手に訂正して引用してはいけません。

③ 原文に「かの偉大な経済学者は……」とある場合、これを引用するときには、そのまま書かなければなりません。その偉大な経済学者がケインズであることに間違いないと思うならば、[ ]（キッコー）を付けて、「かの偉大な経済学者[ケインズ]は……」と書かなければなりません。[ ]は引用者が補ったという意味です。この場合、（ ）（パーレン）を使ってはいけません。というのは、（ ）は原文そのものの中に使われることが多いからです。

引用文中の省略

文章を引用する場合に、ある箇所は省略したいことがしばしばあります。

「[前略] AはBであってCではないとみなされてきた。[中略]

CがDであることが論証された現在，AとCとの関係も再検討する必要が生じている。［後略］」

　このように引用したいときには，この［前略］［後略］は不必要です。［中略］だけを指示すればよいでしょう。あるいは，

　「AはBであってCではないとみなされてきた。［……］CがDであることが論証された現在，AとCとの関係も再検討する必要が生じている。」

と書いてもよいでしょう。「……」とすれば，もともとの文章が省略されていたものと誤解されかねないので，みなさんが省略したのであって，もともとの文章が省略されていたのではないことを明示するためには，［　］をつけて「［……］」としなければならないかもしれません。しかし，「［……］」は一般に慣用とはされていないようですから，「……」と書いて，文章中のどこかで「……」が筆者による省略の記号であることを断っておきましょう。あるいは，

　「AはBであってCではないとみなされてきた」が「CがDであることが論証された現在，AとCとの関係も再検討する必要が生じている」と言われる。

という具合に，論文そのものに織り込んで書いた方が文章の流れがよくなるかもしれません。

引用文(原文)は改行されているのに、論文では改行できないとき

引用文(原文)は改行されているのに、字数(スペース)の制限などの理由により、論文では改行できないときは、改行の頭に「／」を付けます。例えば、引用文(原文)が、

> 学びて時に之を学ふ、亦説ばしからずや。
> 朋有り遠方より来る、亦楽しからずや。
> 人知らずして慍みず、亦君子ならずや。

であるとき、

> 「学びて時に之を学ふ、亦説ばしからずや。／朋有り遠方より来る、亦楽しからずや。／人知らずして慍みず、亦君子ならずや。」(『論語』)

のようにします。

5 注をどのように作成すればよいのか

論文の2つの「注」:「説明のための注」と「引用の出所ないし出典の注」

論文の価値は、その論文に書かれている研究手続きと結論によって決まります。「注」は、研究手続きを表現するための1つの形式です。みなさんは「注」をどの程度、どこに、どのように書けばよいのか悩むことがあるかもしれませんが、「注」の存在理由をあら

ためて考えてみましょう。

　学術論文の「注」は，本文に書いてしまうと，どれが本線の議論か，どれが支線の議論かが分からなくなってしまわないように，論述の流れをよくするためのものです。「注」には，2つのタイプ，すなわち「説明のための注」と「引用の出所ないし出典の注」があります。

5.1　説明のための注

説明のための注：「幹・本流」と「枝葉・支流」

　本文の展開を1つの幹にたとえるならば，枝葉であるような副次的な論点が生まれてくることがあります。あるいは，本文の展開を1つの本流にたとえるならば，支流であるような副次的な論点がいくつか生まれてくることがあります。

　Aを幹・本流，B，Cを枝葉・支流とするならば，本文でA，B，Cを同程度に論述すると，読み手は何が主題（中心論点）であるのかが分からなくなります。このときは，本文ではAを詳細に，B，Cを簡単に説明し，B，Cのやや詳細な説明は「説明のための注」に委ねればよいでしょう。

　ただし，「説明のための注」が大きくなりすぎて，本文とのバランスを失わないようにしなければなりません。また，説明のための注とは反対に「論証を省略するための注」もあります。

「説明のための注」作成の心得

　分かりきった事柄に「注」を付けることは控えなければなりませ

んが，反対に，分かりづらい事柄であるにもかかわらず，「注」なしということにならないようにしましょう。注がなぜ必要であるかを考え抜いたうえで，必要なものは落とさずに書き，不必要なものは削除する心構えがまず求められます。

注を書くときには，次の2点に注意しましょう。

① 引用文が短ければ，本文の中に「　」を付けて織り込み，注にはその出所だけを書く。引用文が長く，本文の論述の流れを妨げるようであれば，その引用文全体を注に回し，その注の後に（　）を付けて，その中に出所・出典を書く。

② 本文中に「注」を付けるときは，1，2，(1)，(2)などの番号や，※（米印），＊（アステリスク），†（ダガー）などのマークを付けますが，注の数が多い場合には番号を用いた方がよいでしょう。

5.2　引用の出所ないし出典の注

論文の中に他人の文章を引用する場合には，その出所ないし出典を明記しなければいけません。また，直接に引用するのではない場合にも，「私の見解はこうである」「他人の見解はこうである」とはっきり区別をして，論述しなければいけません。このときも，他人の見解の箇所については，その出所ないし出典を注として明記しなければいけません。というのは，他人の研究成果をあたかも自分が発見したことのように書くことは盗作や剽窃になるからです。

「引用の出所ないし出典の注」作成の2つの心得

① 「注」を作成するときは孫引きはいけません

　太郎の書いた本が、ケインズ『一般理論』からAを引用していたとしましょう。「孫引き」とは、ケインズ『一般理論』にAが書かれていることを確かめることなく、太郎の書いた本から「ケインズ『一般理論』はAと言っていた」との引用文を作成することです。この場合、太郎が、ケインズ『一般理論』からAを正しく引用したという保証はないのですから、ケインズ『一般理論』に直接あたらなければなりません。

　場合によっては、原文にあたることができないことがあるかもしれませんが、そのときは「孫引き」であることを明記して引用しなければいけません。では、翻訳文からの引用はいかがでしょうか。翻訳自体が誤っていないという保証はないのですから、原典にあたって内容を確かめる作業は必要です。

② 常識的な事柄については出所を注記する必要はありません

　誰でも知っている常識的な事柄や、現在の学問水準で自明とされている知識についてまで、その出所・出典を注記する必要はありません。ですから、特別の理由がない限り、あるいは内容が独創的な業績として学界で知られていない限り、概説書や教科書を注記してはいけません。

6　文献名・著者名をどのように書くのか

文献名を書くときは、次の諸点を決して落としてはなりません。

まず,いくつかの例文を挙げておきます。

和書の場合

滝川好夫『現代金融経済論の基本問題－貨幣・信用の作用と銀行の役割－』勁草書房,1997年7月。

滝川好夫『経済記事の要点がスラスラ読める「経済図表・用語」早わかり』(PHP文庫)PHP研究所,2002年12月。

① 著 者 名(編者名)
② 書　　　名
　『　』を用いて正確な題名を書く。副題があればそれも落としてはいけません。
③ シリーズ名
　(　)の中にシリーズ名を書く。
④ 出 版 社 名
⑤ 刊 行 年

洋書の場合

Dornbusch, R. and S. Fischer, *Macroeconomics,* 2 nd ed., McGraw－Hill, 1981.

① 著 者 名(編者名)
　ファミリー・ネーム(ラスト・ネーム)をはじめに書き,次にファースト・ネームを書きます。共著の場合,2人目からは,

ファースト・ネームをはじめに書き，次にファミリー・ネームを書きます。

② 書　　　名

　　イタリックで書く。アラビア数字やローマ数字は，その書物にある表示のままに記します。

③ 版　　　次
④ 刊　行　地
⑤ 出 版 社 名
⑥ 刊　行　年

翻訳書の場合

Fisher, I., *The Theory of Interest,* New York, The Macmillan co., 1930（気賀勘重・気賀健三訳『フィッシャー利子論』（近代経済学古典選集12）日本経済評論社，1980年）。

① 著　者　名（編者名）

　　ファミリー・ネーム（ラスト・ネーム）をはじめに書き，次にファースト・ネームを書きます。共著の場合，2人目からは，ファースト・ネームをはじめに書き，次にファミリー・ネームを書きます。

② 書　　　名

　　イタリックで書く。アラビア数字やローマ数字は，その書物にある表示のままに記します。

③ 刊　行　地

④ 出版社名
⑤ 刊　行　年
⑥ 訳者名，書名，シリーズ名，出版社名，刊行年
　　（　）の中に，訳者名，書名，シリーズ名，出版社名，刊行年を書く。

日本語の論文の場合

矢尾次郎「金融政策観の展開」（矢尾次郎・川口慎二編『金融政策入門［新版］』有斐閣，1977年），19－68頁。

① 執筆者名
② 題　　　名
　　題名を「　」に入れます。
③ 編者名，書名，出版社名，刊行年
　　（　）の中に，編者名，書名，出版社名，刊行年を書く。
④ 掲　載　頁

日本語の雑誌論文の場合

滝川好夫「リバースモーゲージ制度の理論モデル」『生活経済学研究』第16巻，2001年，235－242頁。

① 執筆者名
② 題　　　名
　　題名を「　」に入れます。

③ 雑　誌　名

　　雑誌名を『　』に入れます。

④ 雑誌の巻・号数

　　上記の雑誌は号数がないので，巻数だけですが，巻・号数は落としてはいけません。

⑤ 刊　行　年　月

⑥ 掲　載　頁

英語の雑誌論文の場合

Phelps, E. S., "The Accumulation of Risky Capital : A Sequential Utility Analysis," *Econometrica,* vol. 29, October 1962, pp. 729−43.

① 執　筆　者　名
② 論　文　名

　　論文名を"　"（ダブルクォーテーション）で囲みます。

③ 雑　誌　名

　　イタリックで書きます。

④ 雑誌の巻・号数

　　上記の雑誌は号数がないので，巻数だけですが，巻・号数は落としてはいけません。

⑤ 刊　行　年
⑥ 刊　行　地
⑦ 出　版　社　名

⑧ 掲　載　頁

英語の論文の場合

Harrod, R.F., "An Essay in Dynamic Theory," in *Readings in the Modern Theory of Economic Growth,* ed. by J.E. Stiglitz and H. Uzawa, Cambridge, The M.I.T. Press, 1969.

① 執　筆　者　名
② 論　文　名
　　論文名を" "（ダブルクォーテーション）で囲みます。
③ in　書　名
　　イタリックで書きます。
④ ed. by　編者名
⑤ 刊　行　地
⑥ 出　版　社　名
⑦ 刊　行　年
⑧ 掲　載　頁

文献名・著者名を書くときには，次の点に注意しましょう。
① 外国語文献の書名・雑誌名はイタリックで書きます。イタリックで示すことができない場合は下線（傍線）を引きます。
② 洋書については，出版社名ではなくて，ロンドンとかニューヨークとかの刊行地を書けば十分です。
③ 日本語訳のある文献については，論文作成において訳本をも

参照した場合には，日本語訳の書名をも併記します。

④　新聞については，たとえば『日本経済新聞』2004年6月27日と書きます。

⑤　日本の学界では，英語文献は英語流に，ドイツ語文献はドイツ語流に表記することが慣行となっています。

⑥　副題がある場合には副題をも含めて書きます。

⑦　雑誌や論文集に掲載された論文については，論文名に" "を付けます。

⑧　洋書の雑誌の巻数はローマ数字の大文字（Ⅰ，Ⅱなど）によって表します。

⑨　ページ数はアラビア数字（1，2など）によって表します。

⑩　著者が外国人である場合，ファミリー・ネーム（姓）以外の名については，フルネーム，イニシアルのいずれであろうが，本の扉頁にある書き方に従えばよいでしょう。

⑪　文献目録や索引などで著者名をアルファベット順に並べる場合には，ファミリー・ネーム（ラスト・ネーム）の頭文字でそろえ，それぞれの姓のあとにコンマを打ちます。ただし，ロイド・ジョージ David Lloyd George のような複合姓の場合には Lloyd George, David という順になります。また，ビスマルク Otto von Bismarck のように前置詞が姓の一部になっている人の場合には，Bismarck, Otto von という順にします。

⑫　著者名が書いていないパンフレットのような出版物の場合には，「匿名」という意味で a non. という言葉を著者名の代わりに書きます。たとえば，

Anon., *The Theory of Interest,* New York, 1930.

しかし，匿名であっても著者名が明らかに確認できる場合や，あるいはペンネームで書かれた著作について実名が明らかである場合には，[ ] を付けて補います。たとえば，

[Fisher, I.], *The Theory of Interest,* New York, 1930.

⑬ 外国語文献で，著者が複数である場合には，普通は3名までは，その名を連記し，4名以上の場合には，主要な著者名を挙げ，他は「その他」という意味のラテン語の略語 et al. で表します。

VIII 論文を見せる：図表とレジメをどのように作成すればよいのか

1 図表作成の心得

本来，活字で組むことができるものは「表 (table)」，原図を写真板や凸版にして印刷するものは「図 (figure)」とそれぞれ呼ばれています。

図表作成の心得

「図表」を適切に用いると，論文の内容やプレゼンテーションはたいへん効果的なものになります。良い図表を作成するためには，次のことを心掛けましょう。

① 良い図表をたくさん見ましょう

新聞や雑誌は「図表の宝庫」です。どこが良いか，工夫は何かということを意識して，図表の作成テクニックを習得します。

② 短い文章を図表化しましょう

　図表作成の腕を磨くには，新聞の社説やコラムなどの比較的短い文章を図表で表すトレーニングをすればよいでしょう。数字の多い部分はグラフで，概念的な記述の部分は図解で作成します。

③ キーワードが重要です

　社説やコラムにもともとあったキーワードだけを用いるのではなく，読み手・聞き手の興味を引きそうな意外性のあるキーワードを考えます。

④ 凝りすぎないようにしましょう

　発表内容で一番肝心なのは内容です。内容に関係のない図解化の部分にあまり凝りすぎてはいけません。

2　良い図表を作成するためには

図表の基本形は4種類

　図表にはさまざまなものがありますが，基本形は「座標図（グラフ，地図）」「行列図（表）」「連結図（ネットワーク図，流れ図）」「領域図（包含関係図）」の4種類です。

Ⅷ◆論文を見せる：図表とレジメをどのように作成すればよいのか

図1　4種類の図表の基本形

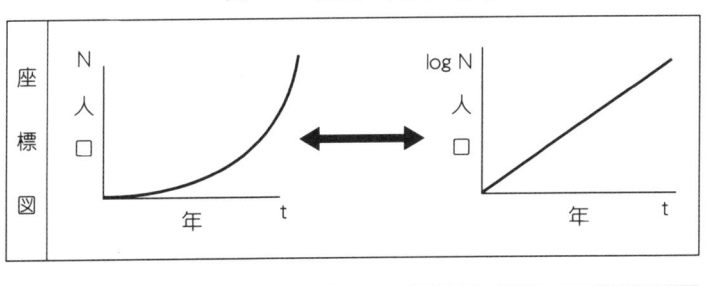

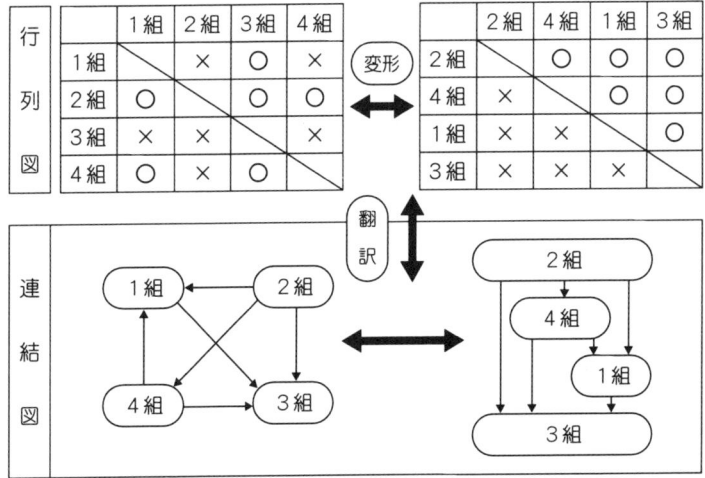

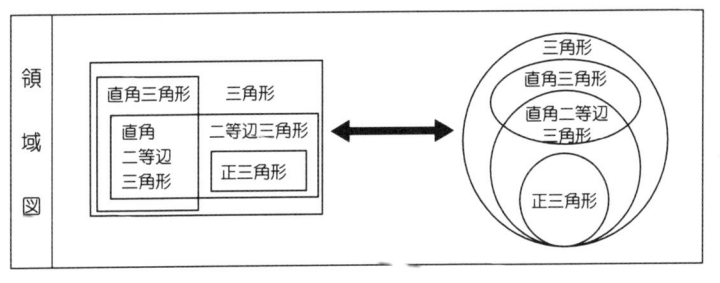

座標図

行列図

連結図

領域図

（出所）　海保［1995］p.69の図5・1より転載

図表はこのようにすれば描けます

図表作成の一般的手順は，次の通りです。

① 図表で表したいことを箇条書きにメモしましょう

② キーになる「文章」や「言葉」を選択しましょう

③ キーになる「文章」や「言葉」の間の関係を明確にし，図表の4つの基本形のどれ，あるいはどのような複合形を用いて描くかを決めましょう

④ 次の点に注意して，メリハリのある図表を作成しましょう

　(A) 文字や数字を見やすくする。

　(B) 線のつながりや線質の違いを見分けやすくする。

　(C) 図や文字をバランスよく配置する。

3　レジメ作成の心得

レジメを作成する心得

みなさんが「レポートを書いている」「卒業論文を書いている」とします。そして，ゼミでレポートや卒業論文を発表することになったとしましょう。さあ，みなさんは聞き手にレポートや卒業論文の全文をコピーして配りますか。それとも何も配布せずにプレゼンテーションを行いますか。

研究発表のときに聞き手に配布するレポートや卒業論文の要約版は「レジメ」と呼ばれていますが，レジメをどのように作成すればよいのでしょうか。

レジメを作成する心得は，「内容をできるかぎり視覚化する」こ

Ⅷ◆論文を見せる：図表とレジメをどのように作成すればよいのか

とであり，そのためには，次の2つの工夫を行えばよいでしょう。

① 内容を図表化します。
② 文章や図表を単調にならず印象に残るように配列したり，文字の大きさに配慮したりします。

以下は，ペーパー・ベースのレジメのみならず，OHPやパワーポイントの画面にもあてはまる説明です。

文章を「見る」

文章は通常「読む」と言いますが，「レジメ」においては，文章には「読む」(可読性) のみならず「見る」(可視性) が要求されます。つまり，文章には「パッと見て分かる簡潔な表現」が大切であり，そのためには，次の7つの工夫を行えばよいでしょう。

① 短い文章にします。
② 複文ではなく単文，つまり1つの文で複数の事柄を述べないようにします。
③ 箇条書きにします。
④ 特定の語句を強調したいときはカギ括弧（「　」）を使います。
⑤ 句読点は，通常の文章よりは少し多めにします。
⑥ 漢字，ひらがな，カタカナ，英字のバランスをとりメリハリをつけます。例えば，「漢字，平仮名，片仮名」を「漢字，ひらがな，カタカナ」，あるいは「はっきりして鮮やかな」を「ハッキリして鮮やかな」にします。
⑦ 漢字は瞬間的にその意味を理解できるので，名詞・動詞，表意効果が高い副詞・代名詞は，漢字にします。助動詞・接続

詞・補助動詞・連体詞などは，文章の補助的な構成要素で目立つ必要がないので，原則としてひらがなにします。

以下，2つの例文を挙げておきます。文章を「見せる」ためには，簡潔さやメリハリに加え，記号（■，□，○など）を使ったり，スペースを入れたり，線を工夫したり，枠を書いたりします。

<例文1>

「製品Aは，コストパフォーマンスが高く操作性に優れている。」
　　　　　　　⬇
「製品Aの特長
　　・高いコストパフォーマンス
　　・優れた操作性　　　　　　　」

<例文2>

図2　平板な印象のレジメ

買物に行きたくなる心理
豊富な商品
　　　商品多様化対応
　　　オリジナリティー性
ディスプレイ
　　　機能性
　　　デザイン魅力
店頭デザイン
　　　雰囲気
　　　デザインセンス
町の都会性演出
　　　企業イメージ
　　　都会的イメージ

（出所）　海保[1995] p.51の図4・1より転載

図3　メリハリを考えたレジメ

買物に行きたくなる心理
■豊富な商品
　●商品多様化対応
　●オリジナリティー性
■ディスプレイ
　●機能性
　●デザイン魅力
■店頭デザイン
　●雰囲気
　●デザインセンス
■町の都会性演出
　●企業イメージ
　●都会的イメージ

（出所）　海保[1995] p.51の図4・2より転載

Ⅷ◆論文を見せる：図表とレジメをどのように作成すればよいのか

4　良いレジメを作成するためには

レジメ全体のメリハリをつけましょう

文章を「見せる」コツを説明しましたが，ここではレジメ全体を「見せる」ための7つの工夫を説明します。

① **レジメ全体の統一を図る**

「縦」「横」のペーパー（あるいはOHPフィルム）がありますが，できれば横長で統一しましょう。また，レジメを作成するときには，次の項目についてのルールを作り，レジメ全体の統一を図りましょう。そうすれば，作成の効率がよくなり，相手（聞き手）もプレゼンテーションを聞きやすくなるでしょう。

　(A)　見出し（タイトル）の大きさと位置

　(B)　本文の文字の大きさ

　(C)　本文の行数，1行の文字数

　(D)　書体

　(E)　上下，左右の最小マージン（余白）

　(F)　記号の種類と用途

　(G)　罫線と枠

　(H)　インデント（字下がり）

　(I)　図表やページの番号

② **基準線を設定しましょう**

基準線を設定し，視覚的な統一を図ります。

図4　基準線が不適切な例

```
■○○○○○○○○○○○○○○○○○○○○○○○○○
○○○。
■○○○○○○○○○○○○○○○○○○○○○○○○○
○○○○○○○○○。
```

（出所）　海保［1995］p.55の図4・8より転載

図5　基準線を明確にした例

```
■○○○○○○○○○○○○○○○○○○○○○○○○○
　○○○。
■○○○○○○○○○○○○○○○○○○○○○○○○○
　○○○○○○○○○。
```

（出所）　海保［1995］p.55の図4・9より転載

　レジメ上の視覚の中心はペーパー（あるいはOHPフィルム）よりもやや上になります。ですから，とりわけ，OHPフィルムで何行かの文字を入れるときは，上よりも下のマージン（余白）を広くとります。

図6　視覚の中心

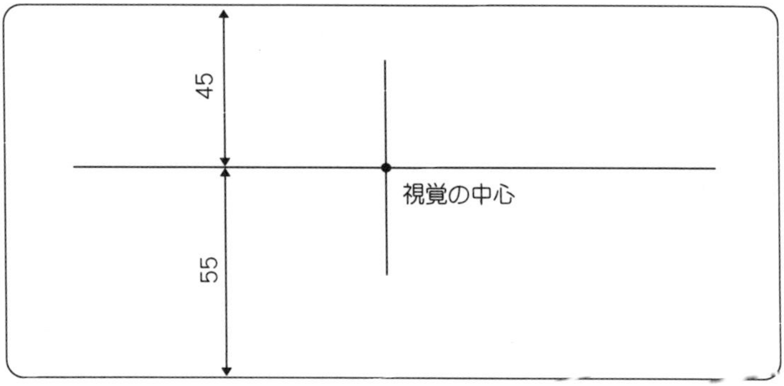

（出所）　海保［1995］p.55の図4・10より転載

Ⅶ◆論文を見せる：図表とレジメをどのように作成すればよいのか

③ スペース（空白）をうまく利用しましょう

スペース（空白）をうまく利用すると，視覚的な区分ができ，同時にゆとりが生まれます。

図7　スペースの利用

```
┌─────────────────────────────────────┐
│         営 業 活 動                  │
│                                     │
│ ●要求仕様を明確にする。              │
│   ・顧客のニーズを整理し，要求仕様を明確化 │
│   ・仕様書の確認，仕様書がないときはメモを作成 │
│   ・担当窓口の明確化                 │
│ ●見積書の作成と提出                  │
│   ・見積書を作成し，顧客要求仕様書と照合 │
│   ・照合結果，相違点があれば抽出      │
│ ●契　約                             │
│   ・注文書の作成                     │
│   ・口頭によるときはメモを作成        │
│   ・顧客要求仕様書，見積書，注文書の照合 │
└─────────────────────────────────────┘
```

（出所）　海保［1995］p.56の図4・11より転載

④ 記号をうまく使いましょう

「記号」は視覚的な強さが異なっています。たとえば，「■」と「●」を比べれば，「■」のほうが視覚的に強いので，より上位の項目に「■」を使います。「☆」「★」はかなり強い記号なので使い方に注意します。記号の種類は，多すぎると目障りなので，2，3種類に絞ります。

⑤ 文字の大きさを考えましょう

見出しには本文よりもひと回り大きい文字を使います。最上位の見出しは本文の1.3〜1.8倍の大きさ，次のレベルの見出しは本

文の1.2〜1.3倍の大きさ程度にします。OHPの横長の画面の場合，1枚は10行×26文字程度にします。文字数が少ないときは，9行×22文字程度にします。逆に，文字数が多いときは，14行×36文字程度にします。また，OHPの縦長の画面の場合，1枚は14行×20文字を基準にして，行数は12〜18行，文字数は17〜28文字の間で作成します。

⑥ 見出しの階層は浅くしましょう

見出しの階層を，

  1．○○○○○○

   1．1　○○○○○○

    (1)　○○○○○○

     a　○○○○○○

     b　○○○○○○

のようにすると，階層が深すぎて複雑になり，視覚上の効果は上がりません。階層は3階層までの浅いものにします。

図8　見出しの階層

```
                ○○○←最上位のレベルの見出し
●○○○○○○○○←2番目のレベルの見出し
 ・○○○○○○○○←3番目のレベルの見出し
  ○○○○○○○○○○○○○○○○○○○○
  ○○○○○○○○○○○○
 ・○○○○○○○○
  ○○○○○○○○○○○○○○
●○○○○○○○○○
```

（出所）　海保［1995］p.58の図4・13より転載

⑦ 英文の場合は左側をそろえ，右側はそろえないようにしましょう

英文の場合は左側と右側の両方をそろえると，堅苦しく見えるようになります。本文は小文字を使います。イタリック体は使いすぎると効果がありません。箇条書きで，1つの項目が2行以上になるとき，最後の行が1ワードだけになるのは避けます。

図表を活用しましょう

プレゼンテーションでは，図表を使うと効果的です。図表には，次のような効果があると言われています。

① 文章だけのレジメに比べ，図表を入れると変化が出て，全体に活気が感じられるようになる。
② 全体像を，文章よりも早く理解させることができる。
③ 全体と部分との関係が分かりやすい。
④ 大事なことがひと目で分かる。
⑤ 文章では伝えにくい内容を図表で補完することで，理解力を高めることができる。

図9は，文章だけで示したものであり，図10はそれを図解したものです。

図9 文章で示したレジメ

```
           ＦＡとは

 上位コンピュータ，制御用コンピュータ（ミ
ニコンやマイコン），各種の機械制御用コント
ローラー，ロボット，無人搬送車，自動倉庫，
ＮＣ工作機械，ＭＣ（マシニングセンタ），計
測システムなどを主要構成機器として，<u>材料，
部品の搬入から製品出荷まで，モノと情報の流
れを一貫して自動化するシステム</u>
と定義できる。
```

（出所） 海保［1995］p.53の図4・6より転載

図10 図解化したレジメ

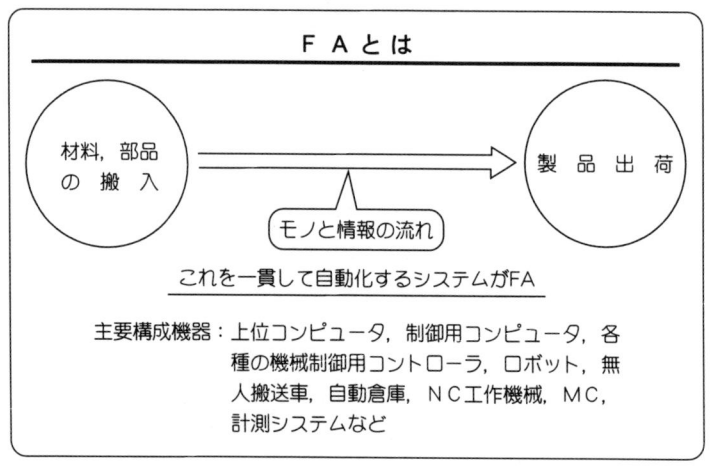

```
            ＦＡとは
 ─────────────────────────

  ╭─────╮                    ╭─────╮
  │材料，部品│ ═══════════════▶ │製 品 出 荷│
  │の 搬 入 │      │             ╰─────╯
  ╰─────╯  ┌──────────┐
            │モノと情報の流れ│
            └──────────┘
   これを一貫して自動化するシステムがFA

 主要構成機器：上位コンピュータ，制御用コンピュータ，各
         種の機械制御用コントローラ，ロボット，無
         人搬送車，自動倉庫，ＮＣ工作機械，ＭＣ，
         計測システムなど
```

（出所） 海保［1995］p.53の図4・7より転載

IX 論文を報告する

1 プレゼンテーションの短所を克服し，長所を伸ばす

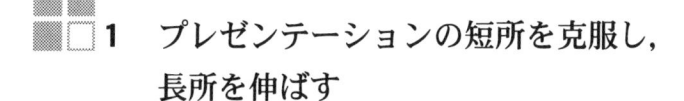

プレゼンテーションの特徴

プレゼンテーション（プレゼン）のねらいは，「説明して理解してもらう」ことです。説明は論文でもできるでしょう。つまり，言いたいことを論文に書いて，相手に「これを読んでください。そうすれば，私の言いたいことは分かるはずです」と言えるかもしれません。しかし，古語に「書ハ言ヲ尽クサズ，言ハ意ヲ尽クサズ」とあります。論文では言いたいことが言えないかもしれないのです。さらにいくら言っても，意を伝えることができないかもしれないのです。

プレゼンテーションの特徴の1つは，論文での伝達と異なり，「相

手の顔が実際に見える」ことです。相手はそこに立っている，あるいは座っているのです。その特徴が，プレゼンテーションの長所・短所を生みます。もちろん，みなさんにはプレゼンの長所を伸ばし，短所を克服してもらいたいと思います。

プレゼンテーションの長所

プレゼンテーションの長所は，次の2点です。

① 相手が見える

「言いたいことを伝えたい（情報伝達）」でもっとも苦労するのは，「見えない」不特定多数を相手にするときです。情報伝達の相手がまったく見えないとき，何を，どのようにして説明したらいいのか見当がつきません。しかし，プレゼンテーションでは，相手の顔が見え，相手に合わせた説明ができます。

② 相手の反応が分かる

プレゼンテーションでは，相手に実際に直面して説明を行っているので，相手の反応が分かります。相手の反応が分かれば，プレゼンの途中で修正を行うことができ，論文・レジメを配布したあとの「あとの祭り」ということにはならないでしょう。相手の表情や態度を見ながらであれば，言いたいことは伝わりやすいでしょう。つまり，相手の反応を見ながら，臨機応変に，プレゼンの内容を改善できます。

プレゼンテーションの短所

しかし，この長所は度を過ぎれば，プレゼンテーションの2つの

Ⅸ◆論文を報告する

短所になってしまいます。

① 「相手が見える」ので，ストレスを感じる

　相手が目の前にいるから言いたいことは言えず，ついつい論文で伝えることもあります。相手が1人ならば気楽に話せるのに，相手が多数，しかも見知らぬ多人数になると，「あがってしまう」こともあります。

② 「相手の反応が分かる」ので，相手に合わせすぎる

　相手の反応が見え，相手に合わせすぎると，事前に用意していた「言いたいこと」を言えなかったりすることがあります。相手が分かりにくそうにしているので，予定していたよりもゆっくりと，丁寧に説明していると，時間不足になり，最も言いたいことを言えなかったりします。あるいは，重要と考えていなかったことの説明についつい多くの時間を費やし，重要と考え，丁寧に説明しようとしていたことを大急ぎで説明せざるをえないこともあります。

プレゼンの短所を克服する：ストレスに勝ち，リラックスする

　相手が目の前にいて，しかも決められた時間内でこちらの言いたいことを伝えるのは，かなりのストレスがかかります。みなさんは，ストレスに負けない「プレゼン度胸」を身につけなければなりません。

　「嫌なこと，苦しいことは逃げれば倍になり，向かえば半分になる」と言われることがありますが，プレゼンテーションについては，そ

れを「嫌なこと，苦しいこと」とは考えずに，「好きなこと，楽しいこと」と考えてはいかがでしょうか。私はこれが一番の克服法だと思います。「ストレスは人生のスパイス（薬味）」と言われることがありますが，ストレスと親しむくらいの気持ちになりましょう。

しかし，それが難しいというのであれば，一般に言われている克服法は，次の2つです。

① 慣 れ る

プレゼンテーションの場数を踏むことにより，慣れます。まずは1人に対して，次に数人くらいに対して，そして大人数に対してというふうに徐々に慣れていきましょう。あるいは，まずは知っている相手に対して，次に見知らぬ人に対してというふうに徐々に慣れていきます。

② 「聞き手をカボチャと思え」

「聞き手をカボチャと思え」は，話し手をリラックスさせるときに使う常套手段ですが，それ以外にも「深呼吸をする」「プレゼンを行う場所の雰囲気に早めに触れておく」「もっとも近いところに座っている人と世間話をしてみる」などと言われています。

プレゼンの長所を伸ばす

「マニュアル通りのプレゼンは，プレゼンの名に値しません」と言われています。プレゼンテーションの長所は，「相手が見える」「相手の反応が分かる」の2つですが，これを生かすためには，次の2つのことを心掛ければよいでしょう。

IX◆論文を報告する

① すべてのことを一度に話さない

相手が見えなければ，やみくもに「あれも，これも」話さなければなりませんが，相手が見えれば，すべてのことを一度に話さず，あとで質問があれば，それに答える形で話を続ければよいでしょう。そうすれば，相手はみなさんの「研究の広さ・奥行き」に感心をするでしょう。はじめは一方向でプレゼンを行いますが，質疑応答になると双方向でのコミュニケーションになります。一方向では話せたが，双方向になると「種切れ」で，話すことができないのでは困ります。

② 相手が何を欲しているのかを知る

一方向でのプレゼンテーションが終わったとします。そして，相手からは何の質問も出なかったとします。さあ，みなさんにとって，プレゼンにより何の収穫があったのでしょうか。相手から質問（コメント）があってこそ，みなさんは次なるプレゼンにつなげることができるのです。卒業論文の報告をしました。先生からも，同級生からも，何の質問（コメント）もありません。さあ，これは卒業論文の作成に役立つプレゼンであったのでしょうか。もちろん，相手の表情を見ているだけで，「これはおもしろいテーマ」「これはつまらないテーマ」といったことが分かりますが，これは「以心伝心」の世界で，憶測の世界になります。プレゼンは，相手があってこそのプレゼンですので，「相手が何に関心をもっているのか」「相手にどんなことなら分かってもらえるのか」を心掛けるようにしましょう。自分1人だけのペースで，相手のことを配慮しないプレゼンは，「そもそも論」としてプレ

ゼンではありません。プレゼンのねらいは「説明して理解してもらう」ことであり，理解してもらうのは，みなさんの話を聞いている相手であるからです。「相手はテキストを読んできているのか」「相手はその知識があるのか」「相手は数学知識をもっているのか」などなどを意識してこそ，良いプレゼンができるでしょう。

2　プレゼンテーションの心得

良いプレゼンを行うための3つの心得

良いプレゼンを行うためには，次の3つのことを心掛けましょう。

① **話し手（プレゼンター）には誠実さと情熱が求められます**

「プレゼンテーションは，人間と人間の出会いである」と言われています。ですから，プレゼンにおいては，話し手（プレゼンター）のもっている誠実さと情熱を相手に伝えることが必要です。もっとも自然で誠実な人間の温かさが聞き手を包み，その中で聞き手の理解が進むようにしなければいけません。「立て板に水」式の能弁は人の心を打つのは難しく，むしろ「訥弁（とつべん）」，つまり「つかえつかえしゃべる話し方」をする方が誠実さを感じ，効果的なコミュニケーションができるかもしれません。

② **メリハリをつける（要点を絞る）**

プレゼンテーションでは，「大事なこと」と「大事でないこと」を分類しておき，大事なことを強調して，大事でないところは控え目にします。相手は，プレゼンが終わったあとで，どれだけのことを覚えているのでしょうか。聞く者は「あることを知りた

い」「あることを学びたい」と思っているでしょう。聞いた人は「あることを知った」「あることを学んだ」というふうになりたいでしょう。みなさんが話し手（プレゼンター）であれば，「話の中で，何が大事であるか」をもっとも分かっているはずですから，みなさん自身が「大事なこと」を強調すればよいでしょう。プレゼン内容のすべてを予め文書にしておき，プレゼンのときには，文書の棒読みをする人がいますが，それはプレゼンの名に値しません。「言いたいことを，すべて，正確に，理路整然と伝えている」かもしれませんが，すべてを同じ調子で話すことは，すべてを話していないことになりかねません。耳から取り込む情報には「馬から落ちて落馬した」式の無駄が必要であり，無駄がメリになって，はじめてハリが生きてきます。私たちの「注意」資源には，時間的にも容量的にも限界があり，「注意」資源を有効活用するためには，注意すべきところは注意し，息を抜くところは息を抜くことが必要です。プレゼンでは，「大事なこと」に注意してもらえるように，メリハリをつけます。

③ プレゼンの内容の大枠を示す

　プレゼンテーションが始まるとき，相手はどのような心理状態にあるのでしょうか。これから何が始まるのか分からない状態というのは，あまり気持ちのよいものではありません。とすれば，どこがスタートで，どこがゴールで，いまどこにいるのかを示してあげればよいでしょう。つまり，プレゼンの内容の大枠を示すようにしましょう。

3 議論には7つの基本があります

　議論を「複数当事者間の見解の相違をめぐって行われる相互の意見の対立的な発表であって，どちらかの意見の優劣が判定される場合」と定義すれば，さあ，結論を出さなければならない「議論」にみなさんはどのように取り組みますか。議論には，次の7つの基本があります。

(1) 議論は目的でなく，手段です

　議論は手段であり，目的を見失った議論をしないことが議論の大前提です。たとえば，チームワークを必要とする共同研究で，議論の勝敗のために協調関係が崩され，以後の計画遂行に支障が出たというのでは話になりません。目的は共同研究をチームワークよく遂行することであり，議論はそのための手段であるからです。議論に勝っても，共同研究をチームワークよく遂行できなければ失敗です。

(2) 議論には「勝とうと欲する」ことが必要です

　「議論は目的でなく，手段である」ということを大前提として，みなさんが，目的を遂行するために議論に勝たなければならないと思うとき，最も重要なことは，「何よりも，勝とうと欲すること，それも本気で勝とうと腹を決める」ことです。議論の多くには決め手がなく，決め手のない場合には，意見を押し通すことにこだわり続ける人が勝つでしょう。というのは，迫力や不退転の決意は，人

Ⅸ◆論文を報告する

間心理に強く影響を与えるからです。いわゆる声の大きい人，つまり図々しくて，他人の意見を顧みず，自分の意見に固執する人は，お付き合いを遠慮したい人であるかもしれませんが，これらの態度は議論の勝敗にかなりの影響をもっていることは認めざるを得ません。まさに，勝とうと思わないところに勝利はありません。そして，勝とうとする意志は，勝つことの必要性をいかに深く認識するかにかかっています。勝とうと思えば，意見に十分な自信をもてるまで，調査，研究，検討，熟考を行わなければなりません。意見や議論への自信のなさに一晩悩む時間があるならば，同じ時間を調査・研究・検討・熟考にあてましょう。

(3) **大義のある議論をしましょう**

意見や議論への自信をもつためには，利己的な動機に支えられていたのでは難しいように思います。人間は正直なもので，自分の意見に後ろめたさを感じるときは自信をもてず，その弱みをつかれることを恐れて過剰に攻撃的になったりすることがあります。自信をもつためには，「自分を越えた組織（家族，クラブ・サークル，大学，会社，国など）や大義のために議論するのであって，けっして自分のためではない」と思うことが重要です。利己的な動機であっても平然と議論する人がいますが，それは「私の議論は私のためではない」と自らに思い込ませているからでしょう。

(4) **対立的でないときに勝とうとしてはいけません**

議論と聞いて身構える人は，敵対的な状況を想定しているので

しょう。敵対的な気持ちで臨めば，状況は敵対的になります。やや対立的な状況下では，相手にもこちらと同じ緊張感があり，緊張したもの同士の対決は，一触即発の状態になりやすいものです。敵対的な状況下での議論においては，「押し切る」「説き伏せる」「ねじ伏せる」「やり込める」など勝ち切る強い姿勢が必要でしょうが，議論が敵対的な関係にあることはそう多くはないでしょう。友好的に臨めば，状況は友好的になります。過剰に警戒しないで，状況を正しく把握することが必要です。

(5) 議論のタイミングを考えましょう

議論のタイミングを選べる場合は，議論の環境の変化を見計りましょう。たとえば，「いわゆるムードを待つ」「基本的な力関係の変化を待つ」「相手が気弱になるのを待つ」「相手のエネルギーの時期を見計らう」「相手の機嫌の良いのを見計らう」などです。環境が悪くて，議論しても良い結果が出そうにないときは，議論のタイミングを待ちましょう。

(6) 勝てない議論，無駄な議論はやめましょう

次のような議論をするのはやめましょう。

① はじめから結論が決まっている場合
② 議論の環境，周辺事情がはなはだ不利な場合
③ 決まっている大勢をくつがえす決意がない場合
④ 材料不足なままに勝手な予測を述べ合う場合
⑤ 好みの問題として議論に適さない場合

(7) 相手を見て議論しましょう

議論の優劣を判定するのは自分ではなく，相手です。議論で勝敗がつくとは，相手の理解を得られるか，相手をあきらめさせるか，することです。

4 議論をどのように行えばよいのか

「論理」と「非論理」

「議論」は論理的でなければなりませんが，厳密に論理的であろうとすれば，1つの論証に百万言必要とするでしょう。通常の議論では，厳密な論理性は議論を複雑にするだけです。論理の過剰はときに形式論理となり，意見の内容を見失ったものとなりがちです。相手はむしろ「非論理的なもの」に影響されるかもしれません。たとえば，自信ありげな態度はもっともらしさを増し，謙虚すぎる表現は疑いの心を呼び起こすかもしれません。正論がしばしば議論で勝てないのは，正論は人間の感情を軽視するからです。

議論をどのように分かりやすくするか

「分かりやすさ」は議論の基本中の基本です。しかし，この当たり前のことを，人は自分の意見に酔って，しばしば忘れてしまいます。内容がどんなに優れた論文であっても，プレゼンテーションが下手で相手にまったく伝えることができなければ，論文は議論の土俵に上がることはできません。「論文の内容」×「プレゼンテーション」＝「論文の評価」であって，「論文の内容」がゼロであっても，

あるいは「プレゼンテーション」がゼロであっても，論文は評価されません。「論文の内容」が優れ，良い「プレゼンテーション」により相手を理解させてこそ，論文の評価といえるでしょう。

議論を分かりやすいものにする用語についての注意は，以下の通りです。

① 相手の理解力に合わせて言葉を選ぶ。
② 平易な言葉を選ぶ。
③ 平均的な言葉を使う。
④ 言葉を洗練し，正確な表現を心掛ける。
⑤ 常識的な専門用語を使う。
⑥ 言い換えで意味が変わるときは専門用語を使う。
⑦ ときには意図的に難解な言葉を使う。

ただし，議論には「あきらめさせる」という別の一面もあり，この面からは，「分かりやすさ」は不要であり，難解こそが相手を煙りに巻きます。

こちらの主張をどのように受け入れさせるのか

相手をあきらめさせ，かつ説得するのに重要なことは，堂々として，誠実かつ明朗な姿勢です。議論の相手に，こちらの主張を受け入れさせるときに，次の3点を注意しましょう。

(1) 負けを認めさせる

相手の負けを認めさせる方法には，次のものがあります。

① 弁解を用意してあげる。

IX ◆論文を報告する

② 引導を渡してあげる（タイミングよく相手の健闘を讃える）。
③ こちらにとっては安く，相手には高い代償を提供する。
④ 根気切れ，エネルギー切れになるように手間をかけさせる。

(2) **感情的にならない**

議論には熱意はいりますが，情緒はいりません。感情的になることは何らの得にもなりません。

(3) **相手の感情を刺激しない**

相手の感情を無用に刺激してはいけません。とくに，軽蔑感情，優越感情，不必要なやり込め意識などはいけません。相手の人格を尊びながら議論するようにしましょう。

「ああ言えばこう言う」式の議論での対応

「ああ言えばこう言う」式の議論での対応には，次のものがあります。

① 議論の心意気として，死んでも認めないようにする。
② 相手が言い渋っているときに，こちらにとって不利な結論を誘導しない。
③ 真正面からの反論ではなく，こちらに有利になるように相手の主張の意味をずらす。例えば「ない」と言われたら，「それは少ないかもしれない」と言いましょう。
④ 白紙の「なぜ」に答えても何ら問題はないのですが，相手が反論を言えずに「どうして」と質問形式をとる場合は答えない

ようにする。

⑤ 議論の主導権を相手に握られ、受身的になってしまうことを避けるために、問われるままに答えないようにしましょう。問われ続ければボロが出てきます。

⑥ イエスかノーかの質問には中間を答えましょう。というのは、二者択一の質問に答えると、こちらの意見を歪めさせられるからです。

⑦ 「虎の威を借る」心理は付け入るチャンスです。相手が「皆さんも同様の意見でしたよ」と言うとき、それは相手の周りの数人を「皆さん」と表現しているだけです。

⑧ 相手を「理想論」と決めつけると議論は混乱します。相手の議論は現実の一部のみを取り上げて誇張しているかもしれません。事実を挙げて反論しましょう。

⑨ 「つまるところ」「要するにあなたの意見は」と問われたとき、「つき詰めないで、私の意見のままに聞いてください。私の意見を再度言うと」と答えましょう。というのは、相手はこちらの意見の一部のみについて反論し、全体を無視しているからです。

⑩ 「認めない」を断言するには理由はいりません。根拠なき意見には、「認めない」とだけ答えましょう。

⑪ 「自分を納得させてくれ」と言いましょう。立証できなければ、相手の負けです。

⑫ 「あなたはそういう経験があるのか」といった行きすぎた経験至上主義には、「誰もが戦争を経験しなければ戦争について

論じ得ないものではない」と反論しましょう。
⑬　「君がやれば」には「一緒にやりましょう」と答えましょう。
⑭　攻撃的すぎると，防衛的反攻として「しかし，君だって……ではないか」の発言を受けるでしょう。このときは，「その通り私が泥棒だとして，ではあなたも泥棒でよいということではないでしょう。この際2人とも泥棒稼業をやめませんか」と言いましょう。

5　研究発表をどのように行えばよいのか

発表に臨む心構え

ゼミナールや研究会で研究発表をすることになりました。発表に臨む心構えとして，次の6つを挙げておきます。

① 発表の目的を確認しましょう

私は何のために発表するのかを自覚しなければなりません。

② 相手（聞き手）のことを知っておきましょう

「敵を知り己を知れば，百戦して危うからず」と言いますが，相手（聞き手）は「敵」ではないとしても，事前に「何人参加するのか」「どのような問題意識をもっているのか」などを知っておきましょう。討論会（シンポジウム）などでは，相手が何を，どのように論理展開するかなどを事前に知っておかねばなりません。

③ 発表内容を確定しましょう

発表は1回限りでないかもしれません。そのようなときは，今

回の発表では,発表要請者(ゼミであれば指導教員)の注文にどの程度応えて,どこまでの範囲を,どの程度詳しく発表するかを考えなくてはいけません。全体の概略だけでいいのか,問題意識だけでいいのか,ある章を詳しく発表しなくてはいけないのか,全体の結論を言わなくてはいけないのか,などをはっきり確定しておかねばなりません。

④ 発表の時間配分を考えましょう

発表,質疑,まとめなどにそれぞれどれだけの時間を費やせるのかを事前に調べておかねばなりません。

⑤ 発表内容に自信をもちましょう

というよりは,発表内容を十分に理解し,自信をもって臨むようにしましょう。発表内容そのものを改善するのは時間切れとしても,発表内容そのものを「丸暗記」するくらい理解し,何も資料を見なくても発表できるようにしましょう。

⑥ どのような資料・機器を利用して発表すればよいかを考えましょう

ペーパー・ベースのレジメだけでいいのか,レジメの枚数はどの程度にした方がよいのかを相手(聞き手)のことを考えて決めましょう。あるいは,OHP,パワーポイントを用いた方がより効果的なのかを考えましょう。

5.1 研究発表の準備

発表のための準備をしましょう

良い発表をするためには,次のような事前の周到な準備をしなけ

Ⅸ ◆ 論文を報告する

ればいけません。

① 実際の発表を想定した台本を作りましょう

　発表する内容を整理して，実際の発表を想定した台本を作りましょう。導入，本論，結論の順序で進めるか，導入，結論，本論の順序で進めるかなどを決めておきます。どの図表を，どの順番で提示するのかを決めておきます。発表資料にはページ番号，図表には番号を付けておきます。

② 発表内容を「自分の言葉でプレゼンできる」くらいに理解しておきましょう

　「一度はしっかりと覚え込み，発表の本番までには，細部を忘れるくらいがよい」と言われることがあります。これは隅々までかっちりと暗記し，その暗記通りに発表を進めると，進め方にゆとりがなくなり，堅い印象を与えるからでしょう。しかし，細部まで理解しておかないと，質疑に対応できないかもしれません。発表内容を「自分の言葉でプレゼンできる」くらいに理解しておけば，堅い印象を与えず，質疑にも応対できます。

③ レジメを作りましょう

　「レジメ」とは，参加者に配布する発表内容の要約版です。レジメを作るのは相手（聞き手）のためではあるのですが，レジメは発表のアウトラインであり，良いレジメを作成することは発表者自身にとってもたいへん有益です。レジメはプレゼンのための資料であり，レジメはプレゼンとセットであることをまず認識しておきましょう。相手（聞き手）はレジメで発表内容のアウトラインをつかもうとしますので，発表内容・順序と合致しないレジ

メはむしろ混乱をもたらすのみです。発表内容の量や発表時間にもよりますが、レジメの枚数はあまり多くない方がよいでしょう。どれくらいの枚数で、どの程度詳しいレジメを作ればよいのかは、相手（聞き手）の立場になって考えれば自ずから答えが出てくるでしょう。レジメはプレゼンとセットであることを忘れないようにします。

④ リハーサルを行いましょう

発表準備の最終段階として、リハーサルをしっかりと行っておきます。リハーサルを行うと、時間配分が分かり、どの部分を削り、どの部分を強調すべきかが分かります。

5.2　良い研究発表を行うための心得

さあ、いよいよ発表本番です。本番ともなればやはり緊張するかもしれませんが、時間的に余裕をもって教室・会場に行くことは、この緊張感を和らげ、あがりを防ぐ意味でも有効です。発表に際しては、次のことに注意しましょう。

(1) ゆとりをもって分かりやすく話しましょう

① 相手が何人いても、1人を対象に話すという気持ちで臨みましょう

相手（聞き手）が多くなればなるほど、発表者はそのすべての人に発表の内容を受け入れてもらえるように話さなければならないというプレッシャーを感じるかもしれません。しかし、相手が何人いても、1人を対象に話すという気持ちで臨みましょう。た

Ⅸ◆論文を報告する

だし，その1人は特定の1人という意味ではなく，「1人ひとりに語りかける」という気持ちをもつということです。一瞬一瞬をとらえれば相手は1人であっても，結果的にはすべての相手に話しかけているようにすればよいのです。

② 上手に話すより分かりやすく話しましょう

話し方が上手であるにこしたことはありませんが，相手の関心は発表の内容であり，発表者のパフォーマンスではありません。上手に話して良い評価を得ようとするのではなく，発表内容を分かりやすく話すという姿勢が大切です。

③ イメージをとらえてゆっくり話しましょう

相手（聞き手）が多くなればなるほど，早口になりやすいと言われています。というのは，多数の視線のプレッシャーに耐えるために力んで話してしまうからです。また，組み立てた話のイメージを頭の中で必死に追いかけていくため，夢中になって話してしまうということもあるからです。しかし，相手は発表者の話をただ聞いているだけではなく，同時に考えているものです。「聞きながら，考えている」とすれば，「立て板に水」式の早口の話はふさわしくありません。相手が，発表の内容を考え，検討しながら聞ける程度の話のスピードを考えましょう。

④ 自信ある話し方をしましょう

発表者は，発表内容について自信をもって話さなければなりません。もちろんそのためには，事前の周到な準備が必要でしょう。いかにも自信がなさそうに振る舞っては，プレゼンの効果は半減します。はっきりした口調で，落ち着いて，順序よく話を進めて

いく態度が望まれます。

⑤ 言い訳は禁句です

「発表のための準備が十分に行えませんでしたが……」「お分かりいただけるかどうか自信がありませんが」などなどは，本人の意図がどうであれ，発表した内容のインパクトを弱めてしまいます。発表する内容についてもっとも詳しく知っているのは発表者であり，その発表者自身が自信なげに言い訳をしながら話すのでは，聞き手は本当に身を入れて聞いてよいものかどうか迷うでしょう。謙遜する気持ちからそのような言葉を言いがちですが，それは逆効果で，余計な言い訳をしないようにしましょう。

(2) 導入と運びのメリハリが必要です

① 導入を工夫しましょう

何事も第一印象が大切です。プレゼンの第一印象は「導入」の部分です。「導入」には，自分自身を落ち着かせることと，聞き手の関心を引き付けてスムーズに発表の内容に案内すること，という2つのねらいがあります。プレゼンの最初でつまづくと，あせってしまって，その立て直しにかなりの時間がかかります。一方，導入がうまくいけば，スムーズに本論に入っていけます。

② 説明に入る前に全容を示しましょう

箇条書きのレジメで全容が分かるでしょうか。全容というのは単なる項目の列挙ではありません。項目同士がいかにつながっているかを知ることが全容を知ることです。どの項目が中心で，その議論が上に広がればこの項目，下に広がればあの項目，また左

IX◆論文を報告する

に広がればこの項目，右に広がればあの項目ということを示すことが，相手（聞き手）の理解に役立ち，みなさんのプレゼンをすぐれたものにします。レジメに項目の連関を示した樹型図があるのが最善です。

③　順序立てて簡潔に話しましょう

全体像を説明し，理解してもらったうえで，1つひとつの項目を順序立てて簡潔に話します。

④　ポイントの数を予め示しましょう

ポイントの数を予め示し，区切りをきちんとして，説明します。そして，すべてのポイントの説明を終えた時点で，「念のため，ポイントだけを繰り返しますと，……」などのように振り返ることもよいでしょう。

(3) **聞き手を引きつけましょう**

①　プレゼンに引きつけながら進めましょう

相手（聞き手）は，時間の経過とともに疲れを感じ，聞く意欲が薄れてくるかもしれません。適度に休憩を入れるのも1つの方法ですが，話の進め方により相手を引きつけ，興味を持続させ，疲れを感じさせないようにすることがより重要です。相手を，自分の立場に立たせ，ともに考えさせるような工夫をします。たとえば，「……についてはどうなるのか，という疑問をみなさんももたれると思います。これを考えますと，……」のように話してはいかがでしょうか。

② 黒板，ＯＨＰ，パワーポイントなどを有効に使いましょう

　黒板，ＯＨＰ，パワーポイントなどは「視覚」に訴える手段です。「百聞は一見にしかず」といいますが，まさにその通りで，言葉でのプレゼンをいくら行っても，ＯＨＰでの1枚の写真には勝てないことがあります。

(4) 資料を効果的に示しましょう

① 事実をできるだけ客観的な形で示しましょう

　発表の際の配布資料は重要な役割を果たしています。数値を生のまま出すのではなく，図表の形にして見やすくなるようにします。

② 資料は説明の都度配布しましょう

　説明資料（レジメ）を最初から全部配った場合，相手（聞き手）はまず資料に目を通そうとし，発表を聞くのは二の次になってしまいかねません。発表では「導入」が重要なのですが，資料を最初から全部配った場合，相手は「導入」部分を聞いてくれなくなります。相手（聞き手）の数にもよりますが，説明資料は，必要なタイミングで配り，それを見てもらいながら説明するという進め方が望ましいでしょう。また，このようにすれば，聞き手は資料配布の時間を利用して，軽い気分転換を図れます。

■■■5.3　質疑応答

　どのようにして研究発表を終えればよいのでしょうか。どのように質疑応答を行えばよいのでしょうか。

Ⅸ◆論文を報告する

(1) 発表を締めくくりましょう

① 要約をきちんと行いましょう

　プレゼンの締めくくりは，それまでの説明内容を要約しつつ，相手を自分が考えている方向へ動機づけていく段階と位置づけられています。要約は簡潔を旨とし，長々とした要約は，重複感が強く残り，逆効果です。レジメに沿って，重要と考えられるポイントのみを紹介し，印象的に発表を終えるようにします。

② 所感は述べない方がよいでしょう

　発表者は発表の準備段階での苦労話などを言いたいかもしれませんが，所感に類することを述べれば，発表した内容の客観性を薄めてしまいかねないので，所感は述べない方がよいでしょう。

(2) 質疑応答を活用して補足説明を行いましょう

① 質問を想定しましょう

　「あれも，これも」と思っていても，発表は思い切って簡略にした方がよいでしょう。内容をよく知りたいというレベルで考えれば，どのような補足が必要であるかは発表者自身がわかっているはずです。まずは，その観点からの質問があるものと想定します。つまり，もし自分が聞き手の立場であったらどう質問するかを考え，それに対する答えを用意します。次に，相手（聞き手）のそれぞれの立場を考え，それぞれの観点からの質問を想定します。質問への回答は簡潔を旨とし，想定していなかった質問には，答えが冗長になりがちなので，注意します。

② 質問を促しましょう

　質疑内容は発表内容についてのチェックを受ける時間です。みなさんは,「質問はない方がよい」と考えているかもしれませんが,質問がまったくないとき,みなさんの発表は失敗と考えざるを得ません。ぎりぎりまで簡潔な説明に絞り込んだ発表に対して,関連する内容の説明要求も,不足する言葉を補う要求もないということは,相手は真剣に聞いていなかったのです。また,考えていなかったのです。これはみなさんの発表がつまらなかったからでしょう。質問のないときは,どのような質問にも応じるという態度で,質問を促します。レジメに沿って,もう一度発表内容を振り返ってもらい,十分に理解し,納得してもらえたかどうかを確認します。このとき,時間を気にしてはいけません。

参考文献

◆ 宇野義方・日高普・西原春夫・蓮見音彦『短文・小論文の書き方』(有斐閣新書) 1978年8月。

◆ 海保博之編『説明と説得のための プレゼンテーション』共立出版株式会社, 1995年1月。

◆ 神戸大学学務部学生生活課・神戸大学生活協同組合・毎日コミュニケーションズ「平成16年度第1回就職ガイダンス配布資料」2004年4月3日。

◆ 斎藤孝『増補 学術論文の技法』日本エディタースクール出版部, 1988年5月。

◆ 滝川好夫「卒業論文の書き方」『経済学・経営学 学習のために』(平成14年度前期) 神戸大学経済経営学会, pp. 9 −17。

◆ 早稲田大学出版部編『卒論・ゼミ論の書き方(新版)』1997年5月。

◆ 著者紹介 ◆

滝川　好夫（たきがわ・よしお）

1953年　　　　兵庫県に生まれる
1978年　　　　神戸大学大学院経済学研究科博士前期課程修了
1980～82年　　アメリカ合衆国エール大学大学院
1993～94年　　カナダブリティシュ・コロンビア大学客員研究員
現　在　神戸大学大学院経済研究科教授
　　　　（金融経済論，金融機構論，生活経済論）

主　著　『現代金融経済論の基本問題－貨幣・信用の作用と銀行の役割－』（勁草書房）1997年7月
　　　　『金融に強くなる日経新聞の読み方』（ＰＨＰ研究所）2001年7月
　　　　『文系学生のための数学・統計学・資料解釈のテクニック』（税務経理協会）2002年6月
　　　　『新聞記事の要点がスラスラ読める「経済図表・用語」早わかり』（ＰＨＰ文庫）2002年12月
　　　　『入門　新しい金融論』（日本評論社）2002年12月
　　　　『ケインズなら日本経済をどう再生する』（税務経理協会）2003年6月
　　　　『EViewsで計量経済学入門』（共著，日本評論社）2004年3月
　　　　『あえて「郵政民営化」に反対する』（日本評論社）2004年4月
　　　　『やさしい金融システム論』（日本評論社）2004年9月
　　　　『超入門　パソコンでレポートを書く』（共著，日本評論社）2004年12月
　　　　『ファイナンス論の楽々問題演習』（税務経理協会）2005年4月
　　　　『「大買収時代」のファイナンス入門』（日本評論社）2005年6月
　　　　『ファイナンス理論【入門】』（ＰＨＰ研究所）2005年7月
　　　　『自己責任時代のマネー学入門』（日本評論社）2005年9月
　　　　『経済学のための Excel 入門－図表作成と計量分析のテクニック』（共著，日本評論社）2006年1月
　　　　『郵政民営化の金融社会学』（日本評論社）2006年2月

著者との契約により検印省略

平成16年10月10日	初版第1刷発行
平成18年3月10日	初版第2刷発行
平成19年7月1日	初版第3刷発行

アピールできる
レポート/論文はこう書く！
―レポートから学術論文まで―

著　者　　滝　川　好　夫
発行者　　大　坪　嘉　春
印刷所　　税経印刷株式会社
製本所　　株式会社　三森製本所

発行所　東京都新宿区　　株式　税務経理協会
　　　　下落合2丁目5番13号　会社
郵便番号　161-0033　振替 00190-2-187408　　電話(03)3953-3301(編集部)
　　　　　FAX(03)3565-3391　　　　　　　　　(03)3953-3325(営業部)
URL　http://www.zeikei.co.jp/
乱丁・落丁の場合はお取替えいたします。

Ⓒ 滝川好夫 2004　　　　　　　　　　　　Printed in Japan

本書の内容の一部又は全部を無断で複写複製（コピー）することは，
法律で認められた場合を除き，著者及び出版社の権利侵害となりますの
で，コピーの必要がある場合は，あらかじめ当社あて許諾を求めて
下さい。

ISBN4-419-04467-5　C2030